全民阅读·经典小丛书

冯慧娟 编

中华上下五千年

宋元

吉林出版集团股份有限公司

版权所有　侵权必究

图书在版编目（CIP）数据

中华上下五千年·宋元/冯慧娟编. — 长春：吉林出版集团股份有限公司，2015.6
（全民阅读.经典小丛书）
ISBN 978-7-5534-7563-9

Ⅰ.①中… Ⅱ.①冯… Ⅲ.①中国历史-宋代-通俗读物②中国历史-元代-通俗读物 Ⅳ.①K209

中国版本图书馆 CIP 数据核字 (2015) 第 119889 号

ZHONGHUA SHANGXIA WUQIAN NIAN　SONG YUAN

中华上下五千年·宋元

作　　　者：	冯慧娟　编
出版策划：	孙　昶
选题策划：	冯子龙
责任编辑：	王诗剑　孙骏骅
排　　　版：	新华智品
出　　　版：	吉林出版集团股份有限公司
	（长春市福祉大路 5788 号，邮政编码：130118）
发　　　行：	吉林出版集团译文图书经营有限公司
	（http://shop34896900.taobao.com）
电　　　话：	总编办 0431-81629909　　营销部 0431-81629880 / 81629881
印　　　刷：	北京一鑫印务有限责任公司
开　　　本：	640mm × 940mm 1/16
印　　　张：	10
字　　　数：	130 千字
版　　　次：	2015 年 7 月第 1 版
印　　　次：	2019 年 6 月第 3 次印刷
书　　　号：	ISBN 978-7-5534-7563-9
定　　　价：	32.00 元

印装错误请与承印厂联系　电话：18611383393

前言 | FOREWORD

古罗马著名历史学家李维曾说过："研究研究过去的事，可以得到非常有用的教育。在历史真相的光芒下，你可以清清楚楚地看到各种各样的事例。你应当把这些作为借鉴。"我国古代著名帝王唐太宗也曾经说："以史为鉴，可以知兴替。"的确，如果能够通过阅读了解一些历史知识，总结一些兴亡成败的教训，无疑将有助于我们在面对人生时做出明智的选择和判断。可以说，读史是我们积累经验、增长见识、汲取智慧的重要途径之一。

然而，当我们回首过去，试图了解那段跌宕起伏的岁月，探访先人的事迹和心声时，却常常因为它过于广袤浩瀚而感到茫然。面对长达五千年的中国历史，我们该以怎样的方式去解读呢？其实，历史的一切起承转合，大都源于一系列的人物和事件。这些人物和事件或是开启了一个新的时代，或是扭转了历史前进的方向，或是为历史的发展埋下了千里伏笔……它们点点相连，构成了整个历史的庞大体系。

前言 | FOREWORD

因此，了解了这些人物和事件，也就能够窥斑知豹，找到开启历史大门的钥匙。

为此，我们特地为热爱中国历史的读者量身定做了"中华上下五千年"系列的七本书，从夏商至明清，选取中国各个历史时期的重要人物和重要事件，以简洁明快的语言，精美鲜明的图片来讲述历史故事，力图帮助读者系统了解中国历史的整体架构，探寻那些荣辱沉浮的深层原因。

我们相信，这些书一定能够为广大读者带来一些有益的启迪。

目录 CONTENTS

黎明前的黑暗
割据与战乱中的五代十国（907～979年）

朱温称帝	010
李存勖建后唐	013
"儿皇帝"石敬瑭	015
后汉高祖刘知远	017
郭威开封称帝	019
一代英主周世宗	021
词圣李后主	024

分久必合
天下一统的北宋（960～1127年）

开国皇帝赵匡胤	028
宋太宗赵光义	032

无敌将军杨业	035
宋真宗赵恒	037
刘太后垂帘听政	040
庆历和议	042
范仲淹先天下之忧	044
王安石变法	046
元祐党争	049
帝王艺术家宋徽宗	051
方腊起义	054
靖康之变	056

北宋文化
繁荣发展

北宋名流	060

偏安一隅
懦弱无力的南宋（1127~1279年）

宋高宗赵构	070
抗金名将	073
绍兴和议	076

唐岛之战	080
孝宗赵昚	082
襄樊之战	085
最后的抵抗	087

南宋文化
更趋繁荣

| 南宋名流 | 090 |

与宋并立
少数民族政权辽、西夏、金（916~1234年）

辽太祖耶律阿保机	096
萧太后摄政	099
西夏开国皇帝李元昊	102
阿骨打伐辽建金	105
海陵王完颜亮	108

威震欧亚
疆域空前辽阔的元朝（1271~1368年）

| 铁木真统一蒙古 | 112 |

一代天骄成吉思汗 115
成吉思汗帐下名将 118
元睿宗拖雷 121
元太宗窝阔台 124
坐收渔利的可汗蒙哥 127
元世祖忽必烈 130
功过相当元成宗 134
英宗新政 137
元顺帝北遁 141
元末红巾军起义 144

元代文化
全面发展

元代名流 150

黎明前的黑暗

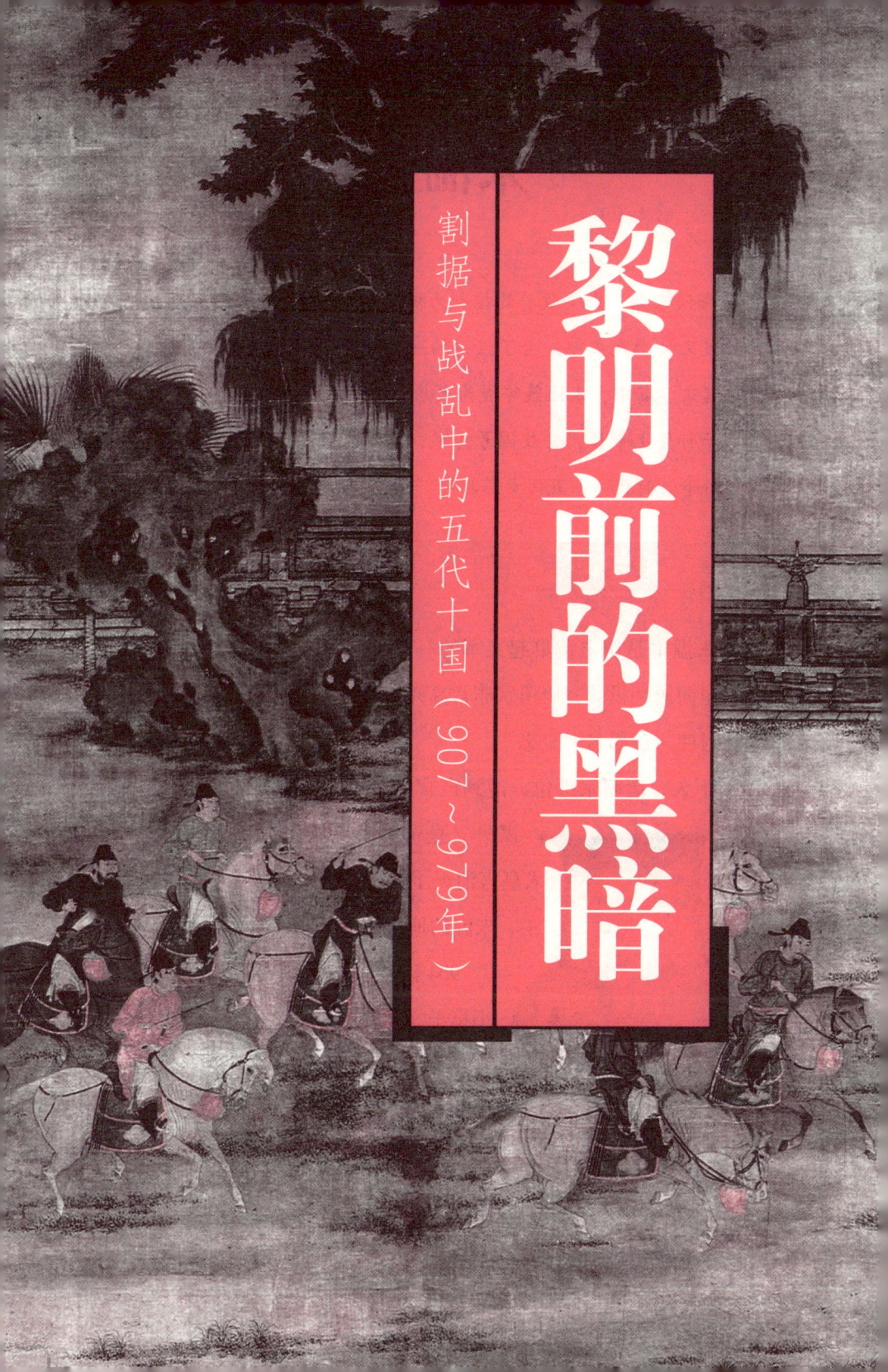

割据与战乱中的五代十国（907~979年）

朱温称帝

唐代末期，中央政府的控制力被地方军阀大大削弱，农民战争的浩荡洪流又使李氏王朝失去了仅存的一丝元气，强大的军阀们趁机一步步壮大起来。其中，朱温最终成为大唐帝国的真正掌权人。907年，他取代李家子孙登上帝位，并改国号为梁，是为"后梁"。而后中国再次进入列国纷争的时代——五代十国时期。

朱温称帝，安邦定国

朱温本是唐末黄巢起义军的一个将领，作战勇猛，功绩卓著。后来朱温向唐朝投诚，唐僖宗非常高兴，封他为右金吾大将军、河中行营副招讨使，还赐名"全忠"。

不久，唐昭宗继位，遭到宦官刘季述等人的软禁。刘季述等人蓄谋另立皇帝。朱温闻讯，联合宰相崔胤，进入皇宫消灭了刘季述等人。于是昭宗封朱温为梁王，朱温的地位愈加巩固，逐渐掌控了朝野。

904年，朱温命人杀死昭宗，将年仅13岁的小皇子立为皇帝，是为唐哀帝。907年，朱温受禅称帝，改名为晃，改元开平，改国号梁，史称后梁。朱温成为后梁太祖，以开封（今河南开封）为东都，洛阳为西都。

朱温虽然做了皇帝，但却遭到了地方不少军阀的反对。为了稳定局面，朱温在政策上

（唐）荷花纹水注

进行了调整。他不再单纯注重军事力量的发展，开始鼓励耕作，发展生产，并出台了一些休养生息的政令。这些做法促成了中原经济的局部性恢复，也使得社会慢慢安定下来。他对高级将领进行严格管理，只要有人表现出异心，就尽快斩杀或监禁，以防叛乱。他还对军队进行了整饬，申明纪律，以增强战斗力。

滥杀无辜，荒淫成性

朱温猜忌臣下，嗜血成性。895年，他与朱瑄在钜野（今山东巨野）南部激战，取得胜利。朱瑄所部大都被杀，只有3000余人被俘。朱温清理战场时见狂风大作，认为那是杀人不足所致，就命人将所俘敌军统统杀掉。

朱温杀戮的对象既包括敌人，也包括自己的兵将。他以十分严苛的

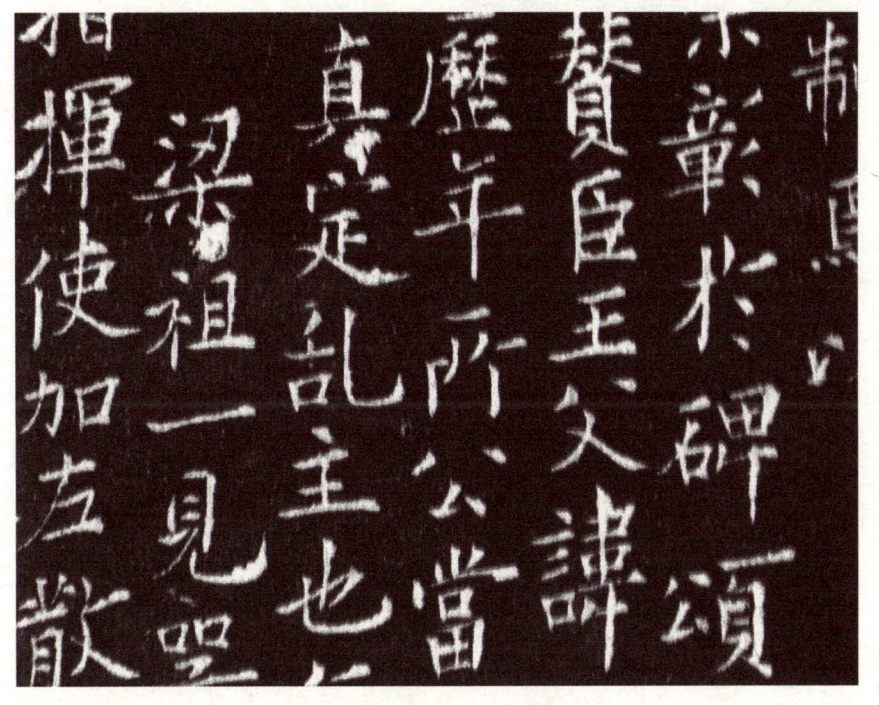

（后梁）牛存节墓志铭

手段管理军队，以确保作战效果。倘若将领在战斗中阵亡，其部属须与之一同赴死；若是胆敢退回，则一概处死。如此一来，将领阵亡后，兵卒都只能逃跑。

此外，朱温还淫乱无道。起初，其妻贤淑明理，对他尚且有所管治。妻子身故之后，朱温就开始寡廉鲜耻地纵情声色。他不但霸占了臣子的妻女，还把儿媳妇们叫入宫中服侍自己。

912年，朱温二度征讨镇州和定州，结果惨败而归，此时他也已身染重疾。同年，其子朱友珪发动了宫廷政变。朱温在政变中被杀，从而结束了他残暴荒淫的一生。

（后梁）赵嵓《八达游春图》

李存勖建后唐

李存勖是唐末的地方军阀，乃李克用之子。李克用死后，他承袭晋王之位，到处扩张，最终在923年灭掉了后梁，其版图涵盖了整个北方。同年，李存勖称帝，建国号为唐，是为后唐。李存勖军功卓著，但欠缺治国之才，最后死于伶人之手。

建后唐、灭后梁，军功卓著

李存勖幼名亚子，是李克用的第一个儿子。他从小就热衷骑射，勇猛无比，因此深得其父喜爱。朱温取代唐朝，建立后梁后，李克用依然使用唐朝年号，与朱温对立。908年正月，李克用因病身亡，此时只有24岁

后唐庄宗击鼓图

的李存勖承袭了晋王位。

李存勖成为晋王不久，便除去了对王位垂涎三尺的叔叔，使自己的地位得到了巩固。接下来，他布设假象，对后梁各个击破，成功解决了潞州的困境。他继续南下，进攻邢州（今河北邢台）、魏州（今河北大名东北）等地，直抵黄河之北。两年之后，李存勖平定幽冀之地。

915年，李存勖占据了除黎阳（今河南浚县东）之外的整个黄河以北地区。之后，李存勖的实力仍然在不断增长，最终于923年在魏州称帝，立国号为唐，是为后唐。李存勖即后唐庄宗。

称帝之后，李存勖继续向后梁发动进攻，最后攻陷了后梁都城，迫使梁末帝自刎而死。李存勖最终成就了灭梁大业。他将开封降为汴州，后来又把都城定在了洛阳。

亲伶人、重宦官，治国乏术

李存勖英勇果敢、胸怀韬略，颇具军事家的风范。此外，他还精于文采，善解音律，精通戏曲。但是，李存勖却缺少治国之才，又不能慧眼识人，只当了短短几年皇帝就身死国灭了。

李存勖失败的原因在于他过于宠信伶人、宦官，使朝中缺少能臣主将。李存勖利用伶人监视臣下，使得群臣纷纷去巴结奉承他们。他还格外信任宦官。将都城定到洛阳之后，他起用原先唐朝的宦官担当要职，其中就包括监军一职。宦官因此可以监管军中将领，势力之盛与唐朝末期差不多。这使得社会上弊端横生，人民受到严重的盘剥，怨气四起。不久，出身伶人的亲军指挥使郭从谦作乱，攻入皇宫。在混乱之中，43岁的李存勖死于流矢之下。

李存勖英勇善战，长期纵横疆场，后来扫平中原，立唐灭梁。然而，他没有守护国家社稷的才干，整日无心政务，骄奢放纵，终于在建国三年之后败亡。

"儿皇帝"石敬瑭

　　石敬瑭有"儿皇帝"之称，可谓中国众多帝王里的一个异类，也因此落下了千古骂名。石敬瑭为了当上皇帝，不惜将自己降为契丹的"儿子"，还许诺割让幽云十六州，以求契丹发兵相助。在契丹人的扶持下，他终于当上了皇帝，建立晋国，是为后晋。石敬瑭引狼入室，却又难以掌控局面，最后抑郁而终。

取媚契丹，出卖国土

　　石敬瑭是沙陀族人，年轻时沉稳纯朴，喜好兵法。后来，他投入李嗣源麾下，得以重用，并成为李嗣源的女婿和左膀右臂。之后，他在李嗣源帐下四处作战，驰骋疆场，对李存勖和李嗣源都有救命之恩，可谓功绩显著。

　　933年，李嗣源逝世，其子李从厚登基，是为后唐闵帝。后来，李从珂阴谋篡位夺权，石敬瑭在此过程中又出力不少。最终，李从珂当了皇帝，是为后唐末帝。李从珂对实力强大的石敬瑭颇为猜忌，派遣大军进攻他。于是石敬瑭就去请求契丹帮助自己，同时提出割让幽云十六州、常年纳贡、将比自己年幼十岁的契丹王耶律德光认作父亲等优厚的条件。耶律德光非常高兴，认为这是自己踏入中原的绝好机会，马上出兵支援。石敬瑭由此实力大

（辽）穹庐式鹿纹灰陶骨灰罐

山西大云院

增,将后唐军队击溃。随后,石敬瑭在柳林(今山西太原东南)即位,建国号晋,是为后晋高祖。后来,石敬瑭将汴州定为都城,并提升为东京开封府。

正反一生,难逃骂名

石敬瑭在陕州、魏博、河东等地担任地方长官时,成就十分突出。成为后晋皇帝后,他还免除了80岁以上老人的徭役。遇有旱灾,他就免去当地五分之一的租税。可是在个人生活上,石敬瑭称帝后却愈发走向侈靡。他还颁布了不少严苛的刑律,而且十分宠信宦官,导致宦官实力的再次膨胀。

石敬瑭尽管身为皇帝,但却是个"儿皇帝"。就个人而言,他深感受辱;就国家而言,契丹虎视眈眈,使他并不能完全掌控实权。加上他未能收服各地,致使变乱迭生,自己的军事地位大幅下滑。石敬瑭身心疲惫,郁郁寡欢,后来又染上疾病,51岁的时候就离开了人世。

《旧五代史》对于石敬瑭的功过进行了合理的评价,褒扬了他原先的政绩和作为;也批评了他一心谋求皇帝宝座,为此不惜向契丹割地,引狼入室,导致中原民众遭受痛苦的行为。

后汉高祖刘知远

五代时期，各个王朝如走马灯般快速更迭。战争使一些将领迅速聚敛起军事实力和政治资本。当这些将领看到政权更迭如此容易时，就不免想要尝尝当皇帝的滋味。刘知远就是其中的代表。就在后晋衰亡之时，刘知远于947年在太原登基，建国号汉，是为后汉。刘知远积极抗击契丹的劫掠，促进了中原地区生产的复苏。

有勇有谋，暗积蓄力量

刘知远是沙陀族人，早年曾跟随石敬瑭四处征战。他曾反对石敬瑭割地称"儿"，但并不被石敬瑭接受。后来，太原遭到后唐部队的围攻时，刘知远仅凭五千人成功抵御了对方的五万大军，石敬瑭对此很是赞赏。在后唐都城被攻克之后，石敬瑭任命他为禁军总管。

后来，石敬瑭与刘知远之间的关系出现裂痕。940年，石敬瑭将刘知远下放到地方，担任邺都（今河北大名东北）留守。次年，刘知远又被调任北京（即太原府，今山西太原西南）留守、河东节度使，还被杜重威夺走了侍卫亲军马步军都指挥使的位子。

于是刘知远便以河东为根据地，积极积蓄力量，专心拓展自身实力并一直密切关注着后晋中央的一举一

（后汉）汉元通宝

动。石敬瑭去世后，昏聩平庸的石重贵登基。他为了安抚刘知远，只好不断提升其官爵。后来后晋与契丹开战，但刘知远并不出兵帮助后晋，而是选择坐山观虎斗。他收编了许多流散的后晋士兵，连同原有的部队，共有五万人之多。在羽翼渐丰的同时，他密切地观察局势，等候一统中原的机会。

投机取巧，称帝建后汉

石重贵登基之后，不对契丹称孙，只是称臣而已。耶律德光怒不可遏，几番出兵进攻后晋，最终在946年攻下了开封。石重贵成为契丹的阶下囚，后晋灭亡。

待到契丹消灭后晋，攻占汴州后，刘知远就派遣王峻作为使者祝贺耶律德光攻占了汴州。而耶律德光知道当时还无法进攻河东的刘知远，所以假惺惺地夸赞了他一番。刘知远料定契丹人在中原不会久留，于是计划契丹人撤离之际，便是他进攻之时。刘知远的计划最终实现了。

刘知远采纳了郭威的意见，于947年在太原登基。他决定继续使用后晋年号，以便聚拢人心。直到他占领洛阳后，才把国号更改为汉，是为后汉。刘知远即是后汉高祖。随后，他发布命令，肃清中原的契丹力量，与契丹展开对抗，有力地推动了中原地区反对契丹的活动。

刘知远称帝一年之后病逝，没有很出多少政绩。史书评价道："虽有应运之名，而未睹为君之德。"意谓刘知远得到了称帝的运道，可是并没有机会展露出一国之君的德行。

郭威开封称帝

951年，郭威称帝，建国号周，是为后周。所谓"乱世出英雄"，郭威就是其中的一位。他非常了解民众的诉求，所以登基之后勤于政事，关心百姓，鼓励农耕。很短的时间内，后周就具备了强国之力，使周世宗柴荣有了统一天下的基础。

军事起家，灭汉建周

郭威，字文仲，原籍邢州尧山（今河北隆尧）。在刘知远成为后晋侍卫亲军都虞候时，郭威就投靠到他那里并得到了重用，成为他的左右手，参与决策，为刘知远成就大业立下了汗马功劳。刘承祐在刘知远死后继承了皇位。郭威以顾命大臣的身份，担任枢密使一职。

后来，郭威平乱取得胜利，刘承祐要给他提升官爵，进行重赏。可是郭威没有接受，而是让皇帝对平乱有功的众将士进行赏赐，使自己获得了很高的名望。

郭威于950年出任邺都（今河北大名北）留守、天雄军节度使（守卫邺都），同时担当枢密使，将河北诸州的军权收入手中。11月，不愿忍受顾命大臣束缚的刘承祐想要收回权力，与郭威发生矛盾，并杀掉了郭威留在京城的所有

开封龙亭

家人。郭威闻讯震怒不已，数日之后，亲率大军攻至都城，杀死了刘承祐。

郭威等到政局平稳之后，就声称自己要去防止契丹入侵，然后率军到澶州（今河南濮阳）驻防。不久，众将士拥护郭威称帝。郭威进入京城，逼迫太后任命他为监国。951年初，郭威正式登基，建国号周，是为后周，定东京开封府为国都。郭威即后周太祖。

治理国家，革故鼎新

郭威称帝之后一心治国，并开始对后汉的政策进行改革。他降低或免除了一些赋税，废除了"斗余""称耗""羡余"等税收，极大地鼓舞了农民的劳动积极性。

他还发布命令，对罪犯从宽惩罚。这样，民众的苦难得以减轻，社会渐趋安定。

除了实施革新之外，郭威还厉行节约，以免增加百姓的负担。他在日常起居上非常朴素，而且明令禁止地方向朝廷进献美食名产。他也严防金玉珍玩等被带进宫中，并且毁掉了宫内的奢华装饰。

在郭威的励精图治下，后周很快成为当时的强国，给后来的周世宗拓展伟业奠定了良好的基石。他在去世之前，要求给自己实行薄葬，只用纸衣和瓦棺入葬，然后立上墓碑。碑上镌刻着这样一句话："大周天子临晏驾，与嗣帝约，缘平生好俭素，只令著瓦棺纸衣葬。"在古代帝王之中，能够这样保持简约朴素的并不多见，郭威为后世树立了良好的榜样。

一代英主周世宗

柴荣于954年登基，是为后周世宗。在当政的几年时间里，他兢兢业业，四处征战，政绩极为显著。他的努力吹响了中原统一的前奏，给北宋结束乱世、一统天下创造了条件。在五代时期，柴荣可谓是一代明君，可惜在年富力强的时候就死去了。后来，赵匡胤将柴荣的幼子从帝位上赶了下来，后周因此灭亡，令人不禁感慨历史的变幻莫测。

励精图治，开创大业

柴荣出生于邢州龙冈（今河北邢台西南）。他是郭威最信赖、最重用的人。郭威于951年初登基，任命柴荣为澶州（今河南濮阳）节度使、检校太保，并封其为太原郡侯。而后，柴荣又成为开封尹，并加封晋王。954年初，柴荣掌握了后周的军权。郭威不久因病去世，临终前决定："晋王荣可于柩前即位。"柴荣继承皇位，成为后周世宗。

柴荣刚登基便确定了为期30年的目标："以十年开拓天下，十年养百姓，十年致太平"。他在当政期间，一直为这一目标而奋斗。

柴荣崇尚节俭，从谏如流，身体力行为君之道，给臣下树立了良好的榜样。他着力改革，给后周社会注入了新的活力。

在经济领域，柴荣致力于改善社会经

苏州虎丘山云岩寺塔

济状况。他尽力减少民众承担的繁重义务，以便刺激经济增长，充实国库。他还免去了许多没有必要的捐税，并降低了赋税比例。

此外，柴荣还疏通漕运河道，修建水利设施。柴荣发布命令，约束寺院的扩张，并禁封了一部分寺院，恢复了大批僧人的世俗身份，明显地提高了劳动者的数量，并扩充了兵源。

在政治领域，他完善了科举制度，使有识之士脱颖而出，成为政府官员，增强了政府的运作能力，同时也收服了许多士人。

(后周)观音像

柴荣还以铁腕手段改革政风，对于贪污腐败行为进行严厉处罚。他完全修改了五代严苛的律法，删除轻易判处死罪的规定，免去凌迟等严酷的刑罚，对罪犯实行相对温和的惩罚手段。他下令修成的《大周刑统》是五代时期著名的法律，为后来北宋确立《宋刑统》奠定了基础。

南征北战，一代明君

柴荣的革新政策得到了很好的贯彻落实，时间不长便取得了显著成效。后周的经济快速增长，国力渐渐强大。这时，民众愈加强烈地渴望混乱纷扰的乱世尽快结束，国家及早实现统一，以便重新过上安定平稳的日子。柴荣意识到人民的这种意愿，于是着手进行统一全国的宏伟大业。

柴荣首先西进，占领了南唐在江北的14州64县。后周攻唐之役大胜，使得南汉、后蜀深感畏惧，两者都不敢再来侵扰。

接下来，柴荣北上进攻契丹，夺回了被抢去的国土。柴荣正想要把幽州当作进攻目标时，突然生了急病，不得已退兵。返回开封后，39岁的柴荣因病逝世。

柴荣少年参军，后来成为大将，31岁时成为后周皇帝。他抱负远大，睿智英武，节俭素朴，政绩突出，建立了五代十国时期的强盛政权，铺就了北宋一统天下的基石。可惜，柴荣尚未实现伟大的理想便溘然长逝，当初立下的为期30年的目标也随之烟消云散，最终成为一段令人怅惘的故事。

（后周）柴窑天青釉瓜棱凤耳四方瓶

词圣李后主

李后主,也就是李煜,五代十国时的南唐国君。他即位的时候,南唐已对宋称臣。后来宋兵南下攻破金陵,他自己也成了俘虏。李煜虽然在政治上昏庸无能,但是却有着非凡的艺术才华。他擅长书画、音律和诗文,特别是词。作为婉约派的开山鼻祖,他享有"词圣"的美誉。李煜被世人传颂的除了他的词之外,还有他和大小周的爱情故事。

事与愿违,继位成帝

李煜"一目重瞳子"(一只眼睛里长出两个瞳孔),故字重光,初名从嘉。李煜在文学方面的天赋很高,能诗擅词,工书善画,通音晓律;此外,他身体孱弱,不喜武术,却对佛学颇感兴趣。李煜从来没想过要当皇帝。然而,事与愿违,李煜的五个哥哥要么早故,要么因争夺皇位而丢了性命。最后南唐只剩下他这一个皇位候选人了。他别无选择,于961年在金陵登基,改名为李煜。当时,宋朝国力渐盛,具有一统中原的野心。李煜一即位就面临严重的外患。他根本没有治国之略,索性眼不见为净,躲到文学的世界里寻求解脱去了。

其实,李煜心里还是很清楚宋朝的野心的,但对此无能为力。他抱着"外示恭俭,内怀观望"的态度,努力想与宋朝维持良好的关系。但实际上,这种态度最终只会使国家走向灭亡。亡国之前,他躲在莺歌燕舞的世界里尽享欢乐。

不幸亡故国，有幸成词宗

然而，世上并没有真正的桃花源可以去逃避一辈子。很快，宋兵南下，金陵失守，偏安一隅的南唐王朝由此终结，李煜成了俘虏。在被软禁的日子里，他被无尽的屈辱、痛苦包围着，只能以诗词记录下心中感慨。

南唐时期，李煜的作品多是反映宫廷生活和男女之爱的靡靡之词，虽然语言华美，但视角狭窄，艺术价值不高。降宋之后，他的词作上升到新的意境，悲壮深沉，语言哀婉凄绝，用情真挚，达到了艺术的高峰。他的词风初露豪放派的端倪，实现了婉约派和豪放派之间的过渡。

李煜最脍炙人口的一首词是《虞美人》："春花秋月何时了，往事知多少。小楼昨夜又东风，故国不堪回首月明中。雕栏玉砌应犹在，只是朱颜改。问君能有几多愁，恰似一江春水向东流。"但祸从笔出，这首词为李煜招来了杀身之祸。当时宋朝皇帝赵光义看到这首词后大怒，遂赐下一杯毒酒，结束了李煜的生命。

（南唐）顾闳中《韩熙载夜宴图》局部

王国维的《人间词话》这样评价:"词至李后主而眼界始大,感慨遂深,遂变伶工之词而为士大夫之词。"他还称赞李煜的词有神秀之韵。他可谓是"不幸亡故国,有幸成词宗。"

分久必合

天下一统的北宋（960~1127年）

开国皇帝赵匡胤

纵观中国历史的变迁,很容易得出这样一个结论:分久必合。五代十国时政权迭变,时局混乱。手握兵权的后周禁军最高统帅赵匡胤发动了兵变,成功登上了皇位。960年,赵匡胤在开封登基,改国号为宋,真正结束了唐朝末期以来的混乱局面。之后,赵匡胤又开始努力治理国家,他消灭藩镇割据,促进了国家统一并为以后的繁荣奠定了基础。

陈桥兵变,黄袍加身

赵匡胤从小就喜爱武术,多年的练习成就了他一身好功夫。950年,赵匡胤成为当时的后汉枢密使郭威军队中的一员。这次从军也成了他人生的重要转折点。

951年,郭威政变成功,改后汉为后周,自封后周太祖,并提拔了在政变中表现出色的赵匡胤。郭威去世后,养子柴荣继承了皇位,即周世宗。周世宗很器重赵匡胤,并为他提供了施展才华的空间。与此同时,赵匡胤结识了大批文人武将,一时间功名显赫,声名在外。

959年世宗逝世后,七岁的幼主继位,这让国人人心惶惶。赵匡胤抓住时机,悄然上演了一场谋划已久的兵变。960年春节时,北汉联合辽朝来犯的加急情报从边境传来,赵匡胤率领军队出征应战。离开开封的当晚,军队在离城40公里远的陈桥驿驻扎下来。赵匡胤的亲信们煽动将士们谋反,拥戴赵匡胤为皇帝,共享富贵。于是,将士们把事先准备好的一件黄袍披在赵匡胤的身上,然后跪在地上高呼"万岁",对他行君王礼。赵匡胤故意推辞了一会儿,当然最后还是接受了,并马上率军

陈桥兵变遗址

队返城，迫使幼主退位。随后，他登基称帝，改国号为"宋"，定都汴京（今河南开封）。赵匡胤也摇身一变，成了宋太祖。

就这样，赵匡胤凭借出色的才能从普通士兵升到高级将领，步步为营，最后通过和平方式登上了皇位，建立起一个辉煌了几百年的大王朝——宋朝。

杯酒释兵权，终皆大欢喜

赵匡胤是个善于总结历史经验的人。他清楚自己能够顺利登上皇位的关键在于手握兵权。因此，他称帝后便开始想尽办法来避免历史的重演，由此还引出了一段"杯酒释兵权"的故事。

赵普是赵匡胤身边最重要的一位谋臣。他建议宋太祖削弱禁军将帅的实权，"稍夺其权，制其钱谷，收其精兵"。太祖同意这样做。一天退朝之后，他邀请石守信等人喝酒吃饭。酒喝得差不多时，太祖吩咐侍从退下，举杯敬众人："没有你们，就没有我的今天。以前只听说做皇帝好，现在当了皇帝以后才晓得有那么多难处，还不如当个节度使过

(明)唐寅《孟蜀宫妓图》

得舒服呢。"一席话把石守信等人都听蒙了。见他们没有领会,太祖长长地叹了一口气,说:"在座的都是兄弟,不瞒你们说,我已经一年没有安安稳稳地睡上一觉了。"石守信惊呼道:"现在天下已定,还有谁敢对您抱有二心?"太祖趁势说:"我当然相信你们,就是担心你们的部下里有想要荣华富贵的人,把黄袍加在你们身上,恐怕到时候你们就身不由己了。"石守信等人听了,吓得马上下跪。第二天上朝时,石守信等人就各自呈上一份奏折,以年老体衰为由请求辞官养老。这正好顺了太祖的心意,于是他当场就批准了,还封他们为没有实权的节度使,赏赐了丰厚的财物,后来又兑现了与之结为亲家的诺言。

就这样,宋太祖通过几杯酒就轻松解决了大将兵权对皇帝的威胁,促成了皇帝安心为政,大臣安享富贵的双赢局面。因此,"杯酒释兵权"成了后人传颂的佳话。不过,太祖削减兵权过度,为宋朝后来国防薄弱,乃至陷入积贫积弱的困局埋下了祸根。

太祖的治国之道

"杯酒释兵权"后,宋太祖改革了兵制。实行"更戍法",做到兵不识将,将不识兵,以防止兵变;但另一方面也让部队的战斗力大大减弱了。

接着,为了把权力进一步集中在自己手里,宋太祖设置了参知政事这样一个相当于副宰相的职位，转移了一部分宰相的职能。此外，太祖还设法"制其钱谷"，使宰相"官职分离""名实不一"，没有足够的权力去统领百官。

宋太祖采取了种种措施来保障皇权，稳定社会。他重用文官，让他们取代武将去地方上掌管行政；同时设立严格的监察制度，以保障皇权。这些做法产生了良好的效果，但也衍生出一个庞大的官僚体系，官员数目众多，成了社会发展的障碍。

时局稳定后，为了平息战乱给人们带来的影响，宋太祖与民休养生息，采取了很多减轻百姓负担的措施。他尽量轻徭薄赋，很少让百姓服徭役、兵役；注重农业发展，鼓励开垦荒地；在治理黄河方面也取得了明显的成效。

此外，宋太祖大力推崇儒学，重视文化教育，利用纲常名教重建社会秩序。

在后人眼里，宋太祖是英明的君王。他的统一给唐朝中后期开始并持续了200多年的分裂历史画上了句号。他的许多英明决策，对当时的政治经济发展产生了深远的影响，从而成就了一个盛世。但他过度削减兵权，再加上过度提倡文化发展，忽略了国防，最终导致宋朝军事力量衰弱，出现了积贫积弱的局面。

（明）刘俊《雪夜访普图》

宋太宗赵光义

宋太宗把国家统一的大业当成了一场接力赛，太祖跑完以后，他接下第二棒，继续前进。他于978年和979年先后收复吴越、消灭北汉，接着开始征战北方。他两次出征辽国，想要收复幽云十六州，但都遭到重创。名将杨业也在雍熙三年，即986年第二次伐辽时战死沙场。无奈之下，宋太宗对辽采取守势，但宋朝对外战争萎靡不振的局面也就此拉开。

死穴"幽云十六州"

宋太宗赵光义也致力于实现国家统一，并取得了一些成绩：978年，吴越王归降；979年，北汉灭亡。趁着这股胜利的势头，太宗打算遵行宋太祖赵匡胤制定的"先南后北"的战略方针，收复幽云十六州。

宋太宗消灭了北汉后，被连续几场战争的胜利冲昏了头脑，草率

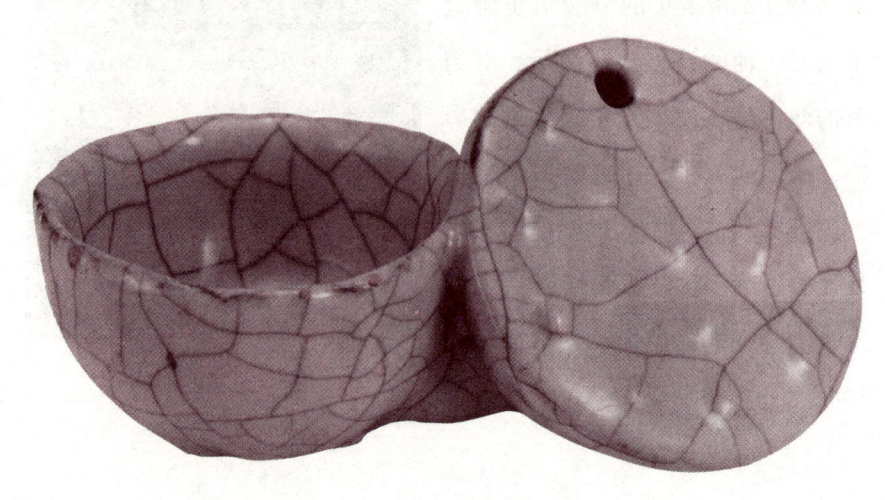

（宋）哥窑莲蓬式瓷水注

发动了两场对辽国的战争,虽声势浩大,但都以失败告终。

第一次是高粱河之战。宋太宗为了尽早实现统一大业,派出军队南征北战,时间一长,物资方面渐渐捉襟见肘,将士们也都疲惫不堪。但一心求胜的宋太宗根本不把这些放在心上,对旁人的劝阻置若罔闻,亲自率兵出征辽国。两军在高粱河(今北京西直门外,也称高粱水)展开了激战。最后,宋军溃败,将士四散逃命,宋太宗也被流箭射中,受了重伤。这一战让宋军元气大伤。

(北宋)磁州窑白地褐釉剔花牡丹文太白尊

高粱河之战是宋辽两国主力军第一次正面对抗。大胜的辽军从此经常南下进犯,让宋太宗十分烦恼。后来,契丹幼主即位,有大臣认为这是征讨辽国的机会。于是太宗再次发兵征讨辽国。可惜他没有仔细了解敌方的情况,犯下兵家大忌。面对劲敌,太宗的这次北伐再次以失败收场。从那以后,宋朝开始对辽国采取守势,实行守内虚外的策略。

无法摆脱的即位阴影

作为太祖的弟弟,赵光义本来是没有资格继承皇位的;但借助扑朔迷离的"金匮之盟",即兄终弟及的遗诏,他登上了宝座。既然有遗诏,赵光义在选择自己的继承人时也必须遵守。这就意味他不能把皇位传给儿子,这是他不愿看到的。德昭和德芳是先帝的儿子,廷美是自己的弟弟。他们都是自己实现皇位传子的障碍。因此,赵光义要不惜一切代价铲除他们。

第一个被除掉的是德昭。由于自己身份特殊,处境微妙,太宗又对他起了疑心,德昭满怀愁绪却无处发泄,一时想不开,索性寻了短见,时年29岁。两年之后,23岁的德芳又莫名其妙地去世。下一个便是秦王廷美。很快,有人向太宗告发他密谋造反。太宗便开始不断地迫害他。最后,廷美在38岁时去世。就这样,三大隐患被陆续清除了。

清除完障碍,太宗要开始挑选接班人了。他最中意的是长子元佐。他从小就聪敏过人,精通骑射等武艺,还上过战场。但元佐心地善良,看不惯父亲对叔叔廷美的迫害,还想过很多办法解救廷美,虽然收效甚微。得知廷美在房州被赵光义迫害至死后,元佐积郁成疾,到最后居然癫狂了,时常挥舞刀棒打伤别人,还放火把庭院烧了。太宗大怒,把他贬为平民。接着,太宗把次子元祐的名字改成元僖,封他为开封府尹兼侍中,当作皇位继承人培养。可惜,元僖后来突然去世。太宗只能把襄王元侃的名字改成恒,立为太子。赵恒后来顺利继承皇位,是为真宗。

太宗效仿太祖的方法来治理国家,社会在安定祥和中继续发展。他生活简朴,反对骄奢浪费;努力改善官制,使之更加合理;继续致力于农业发展,保障百姓的衣食温饱;扩大科举考试的录取比例,选拔大量人才,加强统治。太宗虽然在军事上屡遭失败,但在处理国家内政方面还是很优秀的,特别是在处理皇位继承人的问题上,虽然几次立太子都不顺利,但还是可以看出他政治手腕的高明。

(北宋)耀州窑青瓷盒

无敌将军杨业

杨业，原北汉大将，骁勇善战，归降宋朝后，在太宗出征辽国的战争中屡建奇功。后来在与辽军作战时，杨业沦为俘虏，绝食身亡，其慷慨的英雄气节为世人所传颂。杨业的后代子孙都继承了他的事业，为保卫宋朝边疆做出了巨大贡献。民间故事杨家将，就是以杨业一家抗击辽军的真实经历为原型创作的。

宋朝重将，戍守边境

杨业原是北汉的一位将领，有"无敌将军"之称；后归降北宋，为太宗所器重，先后担任右领军卫大将军和郑州防御使等高官，发挥着自己杰出的军事才华。

消灭北汉之后，太宗派杨业到山西负责抵御辽军。他来到山西后，探明了几个辽军经常出没的路口，在那些地方修筑了六个营寨，加强防御。980年春，辽军在雁门关受到杨业南北夹击，惨败而回，损失严重。杨业也因此树立起威名，"契丹畏之，望见业旌旗即引去"。

频频立下战功后，杨业被太宗提拔为云州观察使。982年，辽国派出三路大军进攻北宋，但都遭到重创。杨业的战果最卓著。他率领军队杀敌三千，俘敌近万，还俘获了很多牲畜。

血战陈家峪

986年，宋太宗再次伐辽。他把军队分为三路，东路为主力，由曹彬和崔彦进率领，吸引辽军注意力；田重进率领一部从中路进攻；西路由主帅潘美和副帅杨业负责,过雁门关攻打位于太行山西北的州县,使幽州成为孤岛。征战初期,宋军十分顺利,特别是杨业的西路军,很快就收复了寰、朔、云、应四州。但不久,东路军因粮草告急而战斗力锐减,在涿州会战中遭遇惨败;中路军也节节败退,使得西路军陷入了孤立之中。

此时败局已定,太宗决定撤退,派潘美、杨业掩护四个州的老百姓撤退到安全的地方。杨业主动断后出战,并与潘美、王侁等约定在陈家峪设埋伏,给敌军一个双面夹击。但进入陈家峪以后,杨业却发现这里空空如也,一个人影都没有。原来,杨业出兵后,很久都没有战报传回,王侁猜测可能杨业已击退了辽军。为了抢功,他撤去伏兵,匆匆赶去报告了。

杨业心知大事不妙,但也只能浴血奋战。最后,杨业寡不敌众,包括儿子杨延玉在内的将士们都英勇战死;他自己被流箭射中,成了俘虏,在辽营绝食三天后,壮烈牺牲。

杨业英勇杀敌的故事一直为世人所传颂。杨家也出了很多名将,儿子杨延昭、孙子杨文广都为大宋保卫边疆,立下了汗马功劳。为了纪念他们,民间创作了杨家将的故事,并流传至今。

雁门关城楼

宋真宗赵恒

真宗的一生非常平淡，没有做出什么令人发指的恶行，但也没有什么杰出的成绩。但他在位期间，与辽国签订澶渊之盟是被后人所知的。它结束了两国长年交兵的局面，保证了两国在此后120年的时间里基本和平相处，并长期保持友好关系，大大加强了边境城市的经济文化交流，也让两国有更多的精力投入到各自国家的经济文化建设上。

幸运即位，守成而治

宋真宗，原名赵德昌，先后改名为赵元休、赵元侃，995年当上太子后又改名为赵恒。由于大哥元佐癫狂，接着二哥元僖暴病去世，他作为太宗赵光义的第三个儿子，幸运地成了太子的人选。998年，赵恒得以登基。

登基后，真宗没有变得狂妄自大，而是待人温和。此外，他兢兢业业地处理政务，终日忙碌，但又精力充沛。可以说，青年时的真宗还算是一个合格的皇帝。

只可惜，勤奋并没有帮他筑成伟大的功业。真宗习惯墨守成规，处事优柔寡断。他即位后继续贯彻太宗晚年时推行的黄老无为思想，守成而治。而当时宋朝的局面可谓是喜忧参半：一方面，

宋真宗画像

太祖和太宗的治理让国家逐渐呈现出盛世景象，来自边境的威胁也大大减弱；另一方面，太祖当初为了稳固政权而实施的一些政策已经不合时宜，但真宗无心变革，这也是导致宋朝后期陷入"内忧外患"的原因之一。

澶渊之盟，见好就收

1004年，即景德元年，萧太后、辽圣宗统率大军气势汹汹地南下攻宋。辽军一直攻到了位于黄河岸边的澶州（今河南濮阳），直接威胁北宋的都城开封。在寇准的建议下，真宗决定抵抗，并亲自出征。同时，寇准对宋军作了精密部署，使辽军困在澶州城下，进退维谷。宋真宗到了澶州后，极大地鼓舞了宋军的士气。而辽军远离国土，20万人马所需的粮草很快供给不上。眼见局势对自己渐渐不利，辽国萧太后提出了和谈。宋真宗急于求和，于是派曹利用与辽周旋，终于取得了和谈的成功，签署了和约。和约约定：第一、辽宋结为兄弟之国，年纪尚小

宋真宗永定陵

的辽圣宗为弟，宋真宗为兄；第二、划定白沟河为两国国界，两国同时撤军（辽国把遂城、瀛洲和莫州归还北宋），双方互不藏匿对方逃犯，国界两边的城墙要保持现状，不能再修筑新的城墙；第三、每年北宋派人到雄州支付给辽国"助军旅之费"，共计十万两白银，二十万匹绢丝；第四、两国边境开放市场，发展贸易。

（北宋）官窑粉青鬲式炉

辽宋两国在签订盟约后的一百多年里一直友好相处，几乎没发生什么大的战争。"澶渊之盟"源于错综复杂的地缘政治，对两个具有竞争性的国家起到了制约作用，使二者在一定地域内、一定程度上保持了平衡。蒋复璁曾赞它"影响了中国思想界及中国整个历史"。

刘太后垂帘听政

她是一位传奇女子，从贫苦的银匠之妻变成母仪天下的皇后，又在男尊女卑的封建社会中掌握了国家大权，一步步走来，令人叹服。她就是刘太后，真宗的妻子，辅佐幼年仁宗执政十多年，取得了不少成绩，也开创了北宋太后垂帘听政的历史。

银匠之妻，皇帝之后

刘太后是真宗之妻，仁宗之母，名刘娥。真宗先后有过三位皇后。第一位是潘氏，北宋名将潘美的女儿，在真宗即位前就病逝了。真宗当上皇帝后，追封她为章怀皇后。真宗的第二位皇后是郭氏，于1006年过世。

真宗的第三任皇后便是刘娥。她出生于四川成都的一户贫苦人家，父亲早逝，母亲庞氏草草地把她许配给当地一个叫龚美的小银匠。刘娥后来跟随龚美去京城开封做生意。当时赵恒还是襄王。襄王府里一个颇有资历的仆人张耆，知道主子想要找位貌美的四川女子，便去找龚美商量。于是，刘娥便成了送给赵恒的礼物。

刘娥天资聪颖，貌美如花，和赵恒的年纪相仿。很快二人就情投意合，难舍难分。太宗见儿子如此年轻就不思进取，沉迷女色，非常生气，命令赵恒把这个身份不明的女子赶走。于是赵恒让她暂住在张耆家里。赵恒（真宗）即位后便把她接入宫中，百般疼爱。郭皇后去世后，她当上了最靠近皇后宝座的德妃娘娘。刘娥后来排除重重障碍，于1012年登上了皇后宝座。

垂帘摄政，功绩赫赫

刘娥当上皇后时已近中年，早不是当年那个笑靥如花的女子了，但真宗仍然十分珍视她。因为刘娥才华横溢，天资聪颖，精通历史，明晓事理，处理国家大事也很有一套。她在把后宫事务处理得当的基础上，还经常给真宗提些朝政方面的意见。后来，真宗身体渐弱，刘皇后便顺其自然地接手处理一些政务，裁决军国大事。在真宗临死前的一段时间里，刘皇后掌握的权力已经无异于皇帝了。1022年，真宗因病去世，幼主赵祯继承皇位。遵照真宗遗诏里刘太后掌管军国大事的规定，刘太后开始了长达十几年垂帘听政的政治生涯。

刘太后主政期间立下了赫赫功绩。对内，她成功清除贼子丁谓，根治了大臣结党营私的现象，阻止了真宗晚期对道家疯狂迷信的宗教活动，保持政治清明，重视水利，促进农业生产；对外，她继续和辽国保持友好关系，并几次攻打西夏，使边境整体保持安定。可以说，在她的治理下，国家呈现出比真宗时期更加兴旺的景象。《宋史》这样评价她："当天圣、明道间，天子富于春秋，母后称制，而内外肃然，纪纲具举，朝政无大阙失。"

（北宋）绀琉璃唾壶

庆历和议

时常侵扰北宋边境的国家除了辽国外，还有西夏。北宋和西夏长期处于交战状态，两败俱伤。最终，两国决定和谈，并在宋仁宗庆历四年（1044年）达成协议，即庆历和议。这份和议意义重大，给两国带来了长达50年的和平，促进了两国的经济交流和发展，为两国人民的生活稳定提供了保障。

西夏边患，北宋连战连败

西夏没有建国时，统治者李德明归顺宋朝，态度很友好。但他的儿子李元昊接任后并没有延续他的做法。李元昊雄心勃勃地称帝建国，把国号定为西夏，希望得到宋朝的承认。宋仁宗不允，下令攻打西夏，捉拿元昊问罪。就这样，宋夏两国拉开了战争的帷幕，并持续了三年之久。但这三年里，宋夏两国的战争皆以宋朝的失败而告终，使宋朝疲于应战。

西夏虽然赢得了战争，但收获却远远少于损失。国家投入大量物资来支付战争开销，财政面临巨大压力。加上由于挑起战争，西夏失去了宋朝提供的大量岁赐。两国边境地区的榷场被关闭，经贸交往受阻，导致西夏境内物资短缺，阻碍了经济发展。西夏在战争中的收获远远少于和平时期从宋朝得到的好处。百姓生活困苦，将士们也无力再战。同时，本来已经结为联盟的西夏和辽国在边境问题上发生冲突，两国关系急转直下，盟约开始形同虚设。为了避免陷入两面夹击的境地，西夏别无选择，只能提出议和。

庆历和议，暂时和平

1042年，西夏皇室成员李文贵作为西夏代表奔赴宋都东京参加和谈，宋朝的代表是太师庞籍。1043年，两国进入了正式谈判阶段。

经过多次讨论，宋夏两国终于在宋仁宗庆历四年（1044年）签订和约，规定：西夏为宋的臣国，宋朝为元昊封号；西夏在战争中攻占的宋朝领地和边境一带蕃汉聚居的地区都划归宋朝版图，双方在各自的领土内可以自由修筑城堡；宋朝每年向西夏提供岁赐，常规的有五万两白银、十三万匹绢丝、两万斤茶叶，各种节日有两万两千两白银、两万三千匹绢丝、一万斤茶叶等。历史上称之为"庆历和议"。

这份建立在平等基础上的和约为两国带来了近50年的和平，为两国的经济文化发展提供了条件。西夏吸收了中原大量的先进文化，国力渐盛，后来与宋、辽形成三足鼎立之势。

但这并不意味着永久的和平。后来宋神宗、宋哲宗在位时，都与西夏发生过战争。

（西夏）灵武窑双耳扁壶

范仲淹先天下之忧

北宋范仲淹说过一句光照千秋的话："先天下之忧而忧，后天下之乐而乐"。他用自己的一生去践行这句话，为世人所景仰和叹服，历代有志之士都以他为榜样。范仲淹，这位北宋名臣在政治、军事、文学上都成绩斐然。朱熹曾经赞他为"有史以来天地间第一流人物"。

庆历新政，推行政治改革

范仲淹，字希文，出生于苏州，北宋著名的政治家。1015年，他考取进士，步入仕途。

1043年，宋夏之间的紧张局势得到缓解，但北宋官僚机构庞大，军队不断扩编，大大加重了百姓负担，国库也开始紧张。为了清除忧

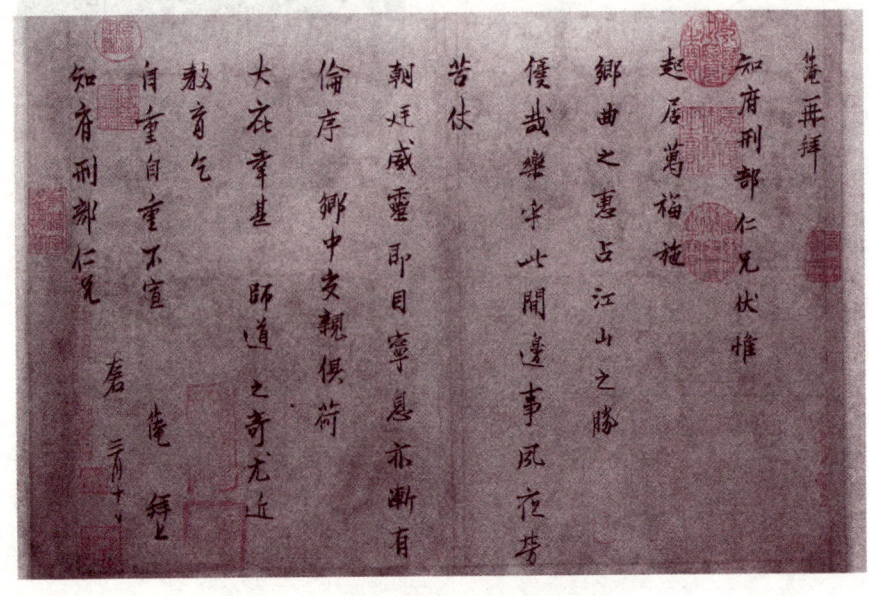

（北宋）范仲淹《边事帖》

患，范仲淹等人奉仁宗之命实施改革。

范仲淹制定了以整顿吏治为中心的措施，以缓和社会矛盾：建立官员考核制度，定期考察政绩，并以此为依据实行奖罚；严禁官员子弟靠父亲关系谋得官职；对科举制度进行完善；严格选拔地方官。同年，宋朝又颁布了几道诏令，推行范仲淹等人的改革主张，史称"庆历新政"。

改革取得了一定的成效，朝中很多正直的大臣都对此赞不绝口。但一些封建腐朽势力的利益遭到侵犯，大官僚被剥夺了很多特权。随着新政的步步深入，他们的损失也越来越大。为了维护自身利益，他们猛烈反对新政。"庆历新政"维持了一年零四个月，仁宗就废弃了所有改革措施，还把范仲淹罢官贬职，赶到邓州去了。改革最终以失败而告终。

王安石变法

王安石，北宋时期著名的政治家、文学家，唐宋八大家之一，被列宁称为"中国十一世纪的改革家"。北宋到了宋神宗时期，社稷陷入危机，阶级矛盾和民族矛盾突出，当权者不得不考虑进行变革。王安石为了缓和这些矛盾开始实行变法。变法对缓和矛盾，维护北宋政权起到了一定的作用。

11世纪的改革家

王安石（1021～1086年），字介甫，晚年号半山，出生于抚州临川（今抚州东乡区），所以世人称其为临川先生。他曾经被皇上封为荆国公，所以也称王荆公。他是北宋时期卓越的政治家、思想家和文学家。1042年，他考中进士，当上了地方官。

这一时期，北宋政权已经危机四伏。庆历新政遭遇挫败，国家日渐羸弱。冗兵、冗官、冗费严重，从而导致社会矛盾不断激化，国家危机重重。

王安石于1058年写了《上仁宗皇帝言事书》，直指社会弊端，提议实行变革，但被宋仁宗拒绝了。宋神宗当政后，于1068年把王安石召回朝廷。宋神宗支持其改革，任

王安石

命他为宰相，展开了声势浩大的熙宁变法。

王安石从财政方面入手，率先发展生产，把实现"富国强兵"作为指导思想。变法派制定了一系列新法，涉及农田水利、青苗、免役、均输、市易、免行钱、矿税抽分制等诸多方面，涵盖了农业、手工业和商业，影响了城市和农村。王安石还着手军事改革，力图提高军队综合实力；改革教育制度，并亲力亲为，撰写了新教材《周礼义》《书义》《诗义》，这三本教材被后人称为《三经新义》。

由于变法侵犯了一些达官显贵的权益，加上本身存在一些问题，因此进行得并不顺利，断断续续勉强维持了十几年后最终被彻底废弃。这次改革一定程度上缓和了社会矛盾，巩固了北宋政权，为政府实现了财政增收；其负面作用在于使政府垄断加剧，不利于经济的长远发展，使农民、手工业者的利益受损，这也是导致变法失败的最根本原因。

王安石故居半山园

浓绿万枝一点红，动人春色不须多

王安石政治才能出众，在文学和思想领域也颇有建树。他的政论散文实用性很强，强调文学对社会的价值。因此他的散文题材大多涉及社会、人生和政治等方面。王安石的散文接承"古文"运动的风格，讲求语言的质朴精炼，在高度概括中层层展开，阐明事理，具有很高的艺术价值。王安石也因此被列为唐宋八大家之一。

1086年，保守派在朝中占据绝对优势，全面废除了新法。王安石得讯后没多久就在抑郁中去世了。

"浓绿万枝一点红，动人春色不须多"，这正是王安石一生骄傲自信的真实写照。他不贪图名利，忠实于自己的理想并努力去实现它。司马光曾经这样评价王安石："介甫一人享有天下大名三十多年，才华横溢，学识渊博，淡泊名利，志向高远。"

（北宋）耀州窑青瓷香炉

元祐党争

宋神宗死后没多久,王安石也过世了。在如何对待变法的问题上,朝中大臣分为两派,互相不停地争论斗争。一派为支持新法的"元丰党人",另一派为反对新法的"元祐党人"。在两派的政治斗争中,很多人都付出了惨痛的代价,连大名鼎鼎的苏轼也因此晚年过得非常抑郁。党派之争让北宋元气大伤,社会发展停滞不前。

太后垂帘,元祐更化

宋神宗死后,年幼的赵煦登基,改元元祐,但事实上掌握政权的是高太后。高太后一直不支持王安石变法,曾对宋神宗痛陈新法弊端,称变法败坏祖宗家法,坑害百姓。她掌权后,马上把在反对新法上态度最为坚决的司马光召回朝廷。司马光得到重新起用后,以高太后之名大力废除新法,恢复旧制,历史上称之为"元祐更化"。这一行动虽遭到变法派的强烈反对,但司马光精密部署,提拔了很多反对新法的官员。最终,反对变法的一派获得了胜利。

高太后彻底废除新法的决心很坚定。为了达到目的,她让文彦博、范纯仁、吕公著和吕大防这些保守派掌握实权;同时清理朝廷,赶走吕惠卿、蔡确和章惇这些改革派,还变着法儿不停打击他们,使统治阶级内

(北宋)元祐通宝

部的矛盾不断激化。

哲宗亲政，再掀浪潮

高太后掌握朝政的时候全面废弃新法，甚至有些矫枉过正。元祐更化对社会也没起到太大的推动作用，名义上是政治改革，实际上却是一场钩心斗角的政治斗争。

1093年，高太后病逝，哲宗终于掌握实权，改元绍圣。他重新推行神宗时期的新法，给元祐大臣以重击。新旧两党之间一场更加激烈的斗争又上演了，无数的悲剧再次酿就。三十年河东三十年河西。有了哲宗的支持，很多新党大臣重新回到朝廷。他们开始大肆报复元祐大臣，对那些在高太后时期罢免过新党大臣的官员基本上一个都没放过，很多人都因此被发配到遥远的岭南一带。

元祐党争让朝中元气大伤，大臣官位频繁调动，大臣之间相互抨击。这样的反复折腾让北宋的时局越来越混乱。

海南儋州东坡书院

帝王艺术家宋徽宗

他是历史上很有名气的一位皇帝。他的名气来自两方面：政治方面他极其失败，昏庸无能，不务正业，最后成为亡国奴，当了金人的俘虏；艺术方面他成就极高，创立了独特的"瘦金体"书法，留下了一些优秀的画作。他就是宋徽宗，一个很失败的皇帝，一个很杰出的艺术家。

身在其位，不谋其政

1100年，哲宗去世。他一生无子，因此新皇帝只能从他的兄弟里选择。于是端王赵佶被掌权的向太后选中当上了皇帝，即徽宗。

徽宗当皇帝时，一度繁华的北宋已经显露出败象。而徽宗又穷奢极侈，贪图享受。他设立物品造作局，里面有很多雍容华贵的器物，专门供皇室成员使用；到处搜集奇花异石，称运输船队为"花石纲"。百姓因此苦不堪言。他还重用小人，如世人熟知的"六贼"：蔡京、王黼、童贯、梁师成、李彦和朱勔。北宋阶级矛盾不断激化，最终导致方腊、宋江等人揭竿而起。

在对外事务上，徽宗也处理得很糟糕。为了对辽国形成夹击之势，他派出使节和金朝结盟，最后却招来了金军的铁骑。面临敌军入侵，他又恐惧畏缩，赶紧把皇位传给儿子赵桓，即钦宗，自己当了太上皇。但他终究没有逃脱成为亡国奴的命运，于1127年（靖康二年）和钦宗一起沦为俘虏。

徽宗当政20多年，昏庸无能，没有担当起一国之君的责任。

别处开花，光辉灿烂

徽宗虽然是个不成功的皇帝，但就艺术成就而言，他在中国的书法史和美术史上都占有极高的地位，对后世产生了极其深远的影响。

书法方面，作为瘦金体书法的开山鼻祖，宋徽宗的水平至今无人能超越。他的字挺瘦秀润，让人看了赞不绝口。他留下的《瘦金体千字文》《欲借风霜二诗帖》等书法作品，是书法界的无价之宝。

绘画方面，宋徽宗也是中国历史上最杰出的大画家之一。他强调写生，有敏锐的观察力，善于画花鸟，以精致、逼真而闻名。他的传世之作《祥龙石图》《芙蓉锦鸡图》现藏于故宫博物院，《翠竹双雀图》藏于美国大都会博物馆。

宋徽宗从制度上积极推动了文化艺术的发展。他重视翰林书画院的发展，为画院设立了完备的制度并使之不断健全。此外，他还设立画学，并把画学纳入科举考试，亲自选择古人诗句作为考题，极大地推动了书画艺术的发展。他还编纂了《宣和书谱》和《宣和画谱》，收录了当时宫中所藏的书画，为古代绘画史和书法史的研究者们提供了重要的资料。

靖康之变后，徽宗沦为金国的阶下囚，在金国受到百般摧

（北宋）宋徽宗《芙蓉锦鸡图》

残，尝尽耻辱后客死异国他乡。他的棺材直到1142年才得以从金国送回临安。

就这样，徽宗在尴尬中结束了自己的一生。如果没有皇帝这个身份，他肯定会成为一位流芳百世的大艺术家，而不用作为一个失败的皇帝，遭受世人的诟病。

（北宋）宋徽宗《闰中秋月诗帖》

方腊起义

方腊起义是北宋末期的一次农民起义。当时的皇帝宋徽宗昏庸无能，为了满足个人爱好设立了"花石纲"，使百姓背负了沉重的负担。被逼到绝境的百姓不得不起来反抗。方腊趁机发起了一场规模不小的农民起义，尽管以失败而告终，但沉重地打击了当时的统治阶级。

漆园誓师，揭竿而起

徽宗和他宠信的"六贼"大肆欺压百姓，使人们生活苦不堪言。徽宗还有个收集奇花异石的爱好，特地在苏州设立了"应奉局"，将运输奇花异石的船队称为"花石纲"（一纲为十只船）。为了满足他的这个爱好，百姓付出了沉重的代价，生活陷入了绝境之中，终于导致了方腊起义的爆发。

方腊是睦州青溪（今浙江淳安）的一个漆园主，常常被勒索。于是，他决定召集不愿继续忍受欺压的人们发动了起义。

方腊借"摩尼教"的名义把群众组织了起来。1120年秋天的一个夜晚，摩尼教的一次聚会在方腊的漆园里举行。方腊在会上慷慨激昂地抨击了政府的罪恶，说："我们东南一带的百姓已经深受剥削之苦，现在揭竿而起肯定会有很多响应者。我们占领江南后就可以自治，轻徭薄赋，再花十年时间去统一整个国家！"这便是史上有名的漆园誓师。果然，方腊的号召一出，响应者众多，青溪远近有上万个农民加入其中。就这样，一场如火如荼的农民起义开始了。

正式称帝，建号永乐

起义军迅速发展，不久，方腊正式称帝，宣布成立农民政权，定"永乐"为年号，他自己也获得了"圣公"的尊称。起义军严格遵守纪律，和百姓保持统一立场，没有君臣等级之分，钱财方面"不分你我"，因而具有很强的战斗力，同时深受百姓拥戴。不久，起义军便占领了六州五十二个县。

起义军的迅猛发展终于让徽宗受到了威胁。他任命童贯为统帅，派出15万大军去镇压起义。后来，方腊因被叛徒出卖而落到了宋军手里，被押解到汴京后壮烈牺牲。剩下的起义军继续抵抗，坚持到第二年的春天被彻底镇压。

方腊带领起义军占领了六州五十二县，在东南大扬威名，狠狠打击了封建统治阶级，使其统治受到了威胁。世人一直缅怀方腊这位优秀的农民起义领袖，把他严守的最后一块阵地——帮源洞改名为"方腊洞"。至今浙江、安徽一带还有方腊庙等纪念他的建筑。

苏州留园冠云峰

靖康之变

来势汹汹的金军让宋朝统治者放弃了抵抗的信心，一门心思求和，结果导致宋徽宗、宋钦宗成为金国的阶下囚，这就是"靖康之变"。一度繁荣昌盛的北宋王朝因此宣告结束。"靖康之耻"留给中国人的耻辱是用时间也无法洗刷掉的。

山雨欲来风满楼

海上之盟像一面镜子，让金国从里面看到了北宋的软弱和自己的强盛。于是，他们在打败辽国后就把矛头指向了北宋。他们安排完颜宗翰和完颜宗望各率领一支军队，分别进攻太原和燕京，计划最后在宋国的都城开封会合，一口气把开封攻下。郭药师在来势汹汹的金军面前选择了投降，使宗望部队顺利占领了燕京。宗翰大军在太原城外久攻不下，于是他把军队分作两部，留下一部分接着攻打太原；其余的从东面绕行，向开封挺进，以确保会师计划的实施。

受到惊吓的徽宗赶紧把皇位禅让给自己的儿子，随即跑到镇江去避难了。被推上皇位的赵桓，即钦宗，建号为靖康，取意保佑国家安康。但钦宗和徽宗有很多相似之处，做事犹豫不决，经常改变主意，处理军机要务时不能准确判断、果断裁决。

宋钦宗和宰相白时中、李邦彦、张邦昌等人主张求和，企图用割地赔款来保全北宋的统治。而以尚书右丞相李纲为首的主战派坚决主张抵抗。钦宗被迫任李纲为"亲征行营使"，负责保卫开封。此时，金军久久不能攻下东京，宋朝勤王的援军也已经赶到。这些情况都对金军很不利，使金军将帅认识到，继续拖延下去的结果便是陷入两面夹击，于是于1126年被迫撤退。

钦宗见金军已经撤退，就以为战事已经了结，于是又罢黜了主战派将领的官职，完全不理会他们提出的一些关于抗击金军的建议。几个月之后，金军再次出击，从东西两路轻车熟路地逼向东京，成功会师后开始全力进攻，最终攻占汴京。

靖康之耻，刻骨铭心

1127年春，钦宗被金人废黜。随后，金人又逼徽宗等人去了金营。金军占领开封四个多月，大肆搜刮之后开始撤退。临走前，他们烧了位于东京城郊的很多房子，还屠杀了许多平民。这样的弥天大罪，让人无法原谅。

金军撤退时还带走了包括徽宗、钦宗、郑皇后、朱皇后、太子和各位亲王、驸马、公主和妃嫔在内的皇室成员，以及几名态度强硬的大臣，其中包括孙傅、张叔夜等人。此外，他们还掠走了宫中各种珍贵礼器、稀有的古董文物、图画书籍、宫

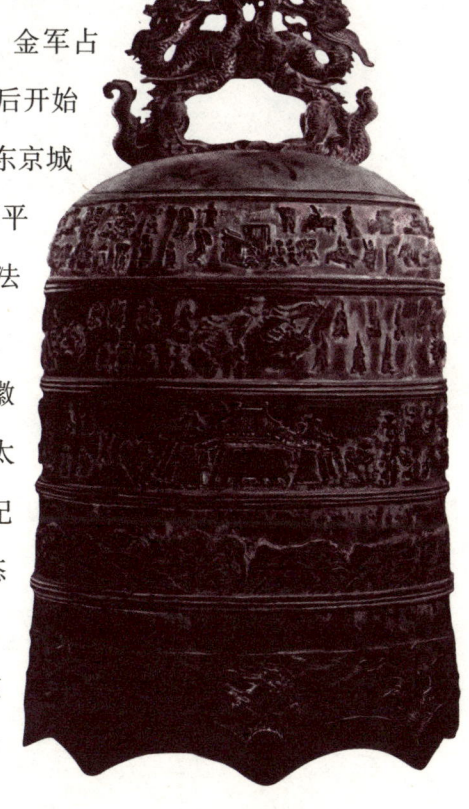

（北宋）卤簿大钟

女、内侍、艺人、匠人等等。十多万百姓遭到驱迫掳掠。历史上把北宋的亡国称为靖康之变。靖康耻成为铭刻于人们心中的一个教训，鼓励着后世仁人志士们积极进取，奋发图强。

繁荣发展

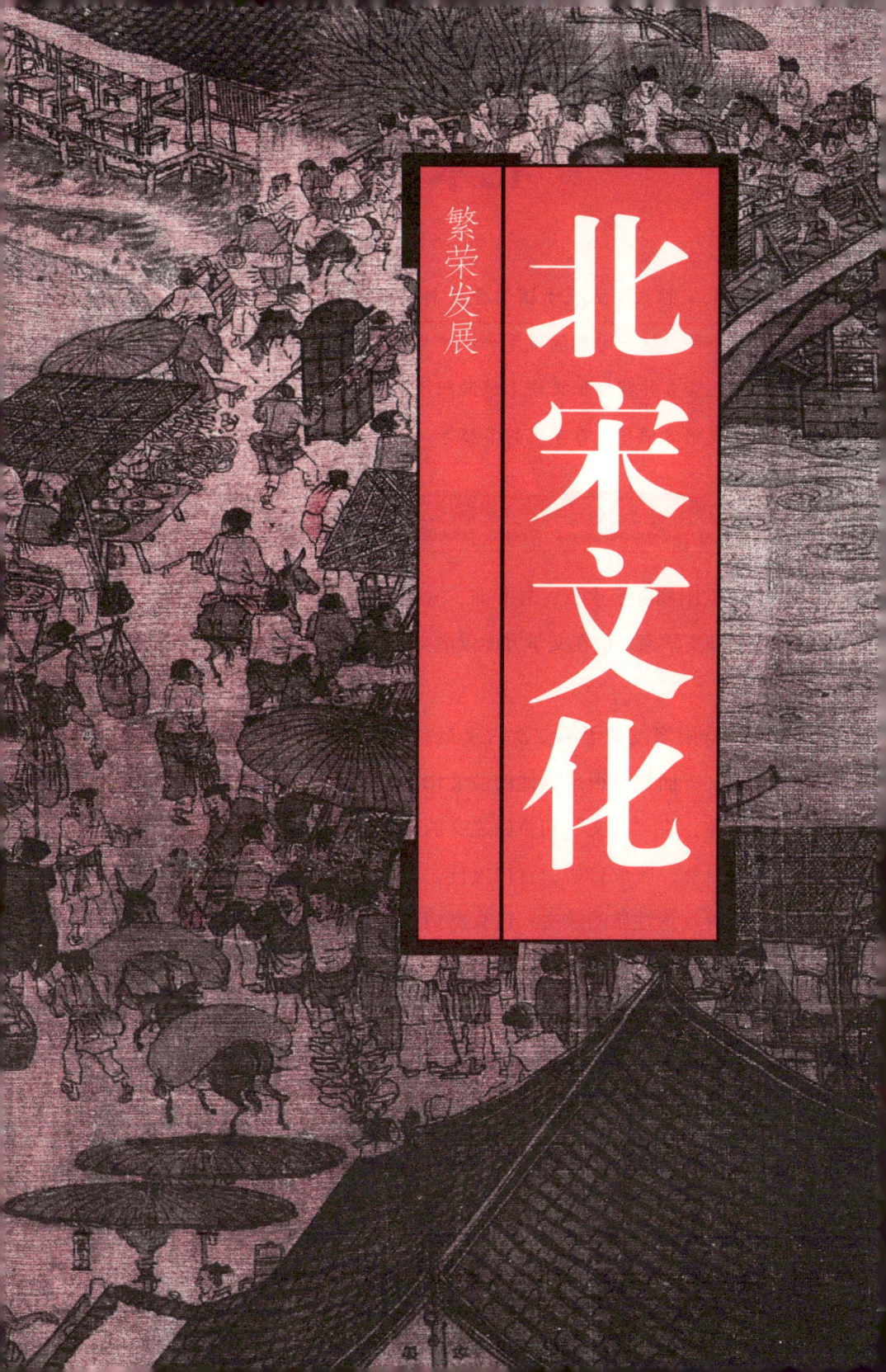

北宋文化

北宋名流

北宋结束了五代十国的分裂割据局面，为社会经济的发展创造了有利条件。这一时期涌现了一批才华横溢的名流，他们的出现也使北宋的文化繁盛异常。如文坛上的欧阳修、苏轼等，史学上的司马光，印刷术的发明者毕昇，哲学上的二程等。

文坛领袖欧阳修

欧阳修，字永叔，号醉翁，晚年又号六一居士，是北宋杰出的政治家和文学家。他在文学方面以散文和诗歌成就最为突出，位列唐宋八大家。

欧阳修发动了第二次古文运动，积极推动改革文风的运动，并在散文方面建树很高。他的散文作品运用了议论、抒情和记述等丰富的文体，将"古文"和骈俪之文的优点融合成别具一格的风格，语言流畅自然，收放自如，音律极佳。他著有《朋党论》《五代史伶官传序》等政论性质的散文，还有寓情于事的《醉翁亭记》《鸣蝉赋》和《秋声赋》等。

欧阳修开创宋朝笔记体文章之先河，代表作有《归田录》《笔说》等。他行文独具特色，充满生趣，擅长从细微之处入手，勾勒人物形象。

另外，欧阳修在经、史、金石学等方面也颇有建树。在经学上，他钻研《诗》《易》《春秋》，有自己独特的观点；在史学上，他参与编撰《新唐书》250卷，另著有《新五代史》，归纳了五代的历史教训；在

醉翁亭

金石学上,他勤奋搜集资料,整理了从周朝一直到隋唐的金石学著作以及刻在碑石上的铭文,把它们编成考古文集——《集古录》,使之成为传世之作。

欧阳修一生清正廉洁,痴迷于文学创作,遗有收藏的万卷图书、千卷集古录。欧阳修与曾巩、王安石和苏家三父子,还有唐朝的韩愈和柳宗元,被世人称为"唐宋八大家"。

司马光《资治通鉴》传天下

司马光,字君实,号迂叟,人称"涑水先生",北宋著名政治家、史学家、散文家。1038年,司马光参加会试,考中进士,踏入仕途。司马光为官后尽职尽责,一心为公,受到百姓的爱戴。他反对王安石推行新法,并不是因为新法有损他的利益,而是因为他的政治思想保守,所赞同的富国强兵政策不同于革新派。后来,他辞去了官职,十余年间专注于《资治通鉴》的编著。

在英宗与神宗的支持下，294卷的《资治通鉴》历经19年，至1084年完成，另有《通鉴目录》《通鉴考异》各30卷，总计354卷，300多万字。《资治通鉴》记载了16个王朝，共1362年的重大史实。全书内容丰富，选材广泛，除了近2000卷的19种正史以外，还征引有名可循的300多种杂史、笔记、文集等，而且史料取舍严格，力求翔实可信。此外，全书文笔生动流畅，也可作为一部文学作品来欣赏。《资治通鉴》是我国历史上第一部编年体通史，更是流传至今的历史瑰宝。

《资治通鉴》书影

司马光去世后，太皇太后和宋哲宗专门前往吊唁，追封司马光为太师、温国公，谥号文正，赐碑"忠清粹德"。司马光不仅以他的人格魅力及卓越成就征服了当时的人，也为后人留下了一个巨大的史学宝藏。

活字印刷之祖毕昇

活字印刷术是印刷史上的一个里程碑，标志着印刷术从此进入了一个新的时代。而在目前发现的所有古代文献资料中，只有《梦溪笔谈》对这个伟大的发明者毕昇进行了简单介绍，毕昇的身世因此成谜。

活字印刷的程序是先用胶泥做成规格统一的单字印，再用火烧，制成胶泥活字。排版时，先在一块带框的铁板上敷一层松脂、蜡和纸灰，然后把要印的活字逐个排进框内，排满就是一版。接着用火烤铁板，待松脂和蜡熔化后，用平板将胶泥活字压平。铁板冷却后，活字就凝固在板上，成为印版。接下来再刷墨、敷纸，就能开始印书了。印完之后，只要用火烤铁板，使松脂和蜡熔化，胶泥活字就会脱落，能再次使用。

与雕版印刷相比，毕昇发明的活字印刷术不但减少了制版时间，而且还可以循环利用活字，大大节约了成本；加上它轻巧灵活，十分节省人力，所以一经推出便很快得到了普及。可以说，活字印刷术的发明是印刷史上的一场革命。

活字印刷术在700年内传遍了世界，毕昇也因这一不可磨灭的成就被视为印刷史上的伟大革命家。

泥活字版模型

科学通才沈括

沈括，字存中，1031年出生于浙江钱塘（今杭州市），北宋著名的天文学家、物理学家、地理学家、化学家、数学家、医学家、唯物主义思想家。沈括对军事也有研究，曾参与抵御西夏的入侵。

1063年，沈括考中进士，从此升为上层官吏。沈括晚年时被贬居润州，从此认真总结并整理了自己一生的经历及科学活动。

沈括曾主持修订新历的工作。他改造了浑仪、浮漏和影表等旧式的观测仪器，还改进了测影方法，制造出圭表。

沈括在物理学方面的研究成果颇丰。他的研究涵盖力学、光学、磁学与声学等，在磁学领域成果尤为突出。沈括在《梦溪笔谈》中谈到了磁偏角问题，这是世界上关于地磁偏角的最早记载。在光学领域，沈括经过反复实验，发现了小孔成像、凹面镜成像、凹凸镜的放大和缩小作用等。

沈括在化学方面也取得了一定的成就。"石油"这个词就是沈括首先使用的。他在《梦溪笔谈》中讲到了金属之间相互置换的例子,描述了硫酸铜和铁发生置换反应的现象,可见那时的人们就已经学会透过物质的表象探索其内部特性了。

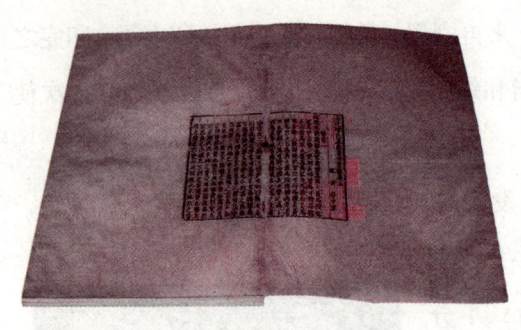

《梦溪笔谈》书影

在地理学方面,沈括根据太行山断崖有螺蚌壳和鹅卵石的带状地层分布,推断出太行山一带是远古时代的海滨。后来,他又制造出了第一个立体地理模型。

沈括在数学方面也有精深的研究,创立了隙积术和会圆术,提出了二阶等差级数的求和方法及由弦和矢的长度求弧长的近似公式。

《梦溪笔谈》是他最具代表性也是最为成功的一部著作。其内容广泛,资料详尽,被认为是百科全书式的经典著作。英国著名科学史专家李约瑟称其为"中国科学史上的坐标"。可以说,沈括是世界史上难得一见的通才。

张择端绘《清明上河图》

张择端,北宋末年著名画家。历史资料中没有关于张择端身世的记载,所以他的身世成了一个谜。

随着北宋封建社会经济的发展,资本主义工商业开始萌芽,城市集镇和新的社会阶层——市民阶层渐渐形成。在这样的社会条件下,通俗文艺出现并蓬勃发展起来,描写城乡生活的社会风俗画越来越多。张择端的《清明上河图》就是反映当时社会生活的经典之作。

《清明上河图》长528.7厘米、宽24.8厘米，是一幅气势宏大的长卷。画中有1643个人物，每个人都生动传神，而且其身份、职业都不相同；画中的13种动物（包括56个牲畜）、9种植物、20多辆车轿、20多艘船只以及无数的店铺和民宅，无不至臻至妙。张择端用现实主义手法，全景式构图，不惜使用大量的笔墨，把众多景物呈现在一个画面中，紧凑统一，繁而不乱，生动细致地描绘出北宋都城贸易繁忙、人口稠密的社会景象，其高超娴熟的创作技巧令人惊叹。

这幅社会风俗画的与众不同之处在于它不仅为美术家，还为经济学家、社会学家和建筑学家都提供了大量可供研究和参考的资料。《清明上河图》真可谓是我国历史上的艺术瑰宝。

《清明上河图》开创了全景式构图的社会风俗画的先河。后人很喜欢临摹这幅画，所以绘画史上出现了很多幅名为《清明上河图》的画作。经专家研究认定，现藏于北京故宫博物院的《清明上河图》是张择端的真迹。

（北宋）张择端《清明上河图》局部

理学的发展者程颢、程颐

程颢（1032~1085年），生于湖北省黄陂区，字伯淳，人称明道先生。他的同胞兄弟程颐（1033~1107年），字正叔，人称伊川先生。程颢、程颐兄弟，人称二程，是北宋时期著名的理学家和教育家。

二程均在京师做过官，但在学术方面的贡献最为突出。二程十五六岁时，受学于理学创始人周敦颐，其理学思想深受老师的影响。

二程潜心于学术，逐渐建立起自己的理学体系，其思想对后世影响深远。

二程开创了洛学，严谨治学，潜心钻研。他们注重自我修养，博览精思，以儒家伦理为基础，融入自己的理学思想，还广泛地汲取佛学和道学的思想精髓，为儒学的充实和拓展作出了不少贡献。

在哲学思想上，二程以"理"作为学说的基础，认为"万物皆出于理"，"理"先于万物，并且永存。他们提出了事物"有对""物极必反"，具有朴素的辩证法思想。他们强调人性本善，认为"性即理

嵩阳书院

也",而"心是理,理是心",心若被蒙蔽,人性就会损害"理"。人应明"理"、存"理",才能回归善的本性。

二程认为四书是不可不学的基础教材,教育应以儒家经典为教材,架构以儒家伦理为基本内容的知识体系。宋朝之后,中国封建社会的学校教育都始终遵循他们这一理念。他们还提出读书要学以致用,要敢于积极、独立地思考,更要深入地思考,才能学有所得。二程的教育思想和主张对后世影响极大。

二程所创立的理学思想是中国封建社会意识领域的主导思想,目前仍吸引着不少专家学者潜心钻研。

宋代四大书法家

苏轼、黄庭坚、米芾、蔡襄是北宋昌盛时期涌现出的四位成就卓著的书法家,也是北宋中期书法革新的代表人物。

苏轼不仅是文学造诣登峰造极的文人,也是北宋中期书法革新的代表人物,位列北宋四大书法家之首。苏轼的行书和草书具有独特的艺术美感,是他书法风格的代表。苏轼的书法在继承传统的基础上努力革新。和唐朝以来书法尚"法"的风格相比,他更重写"意",注重书法形式的随意性,看好"信手"所书之点画。他的代表作有《前赤壁赋》《黄州寒食帖》等。

黄庭坚,字鲁直,号山谷道人,晚号涪翁,又称豫章黄

(北宋)苏轼《黄州寒食帖》

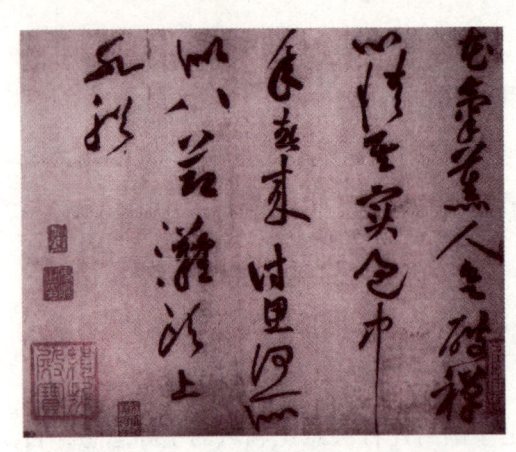

（北宋）黄庭坚《花气熏人帖》

先生，北宋著名文学家、书法家。他在宋代影响颇大，开创了江西诗派。他出自苏轼门下，后与苏轼齐名。他的书法自成一家，留有不少传世精品。黄庭坚的书法先取法颜真卿和苏轼，又学张旭、怀素和尚，"乃窥笔法之妙"，并最终"善行草书""自成一家"。他的书法行笔曲折顿挫，笔势风神洒荡，意蕴十足。其代表作有《花气熏人帖》《黄州寒食诗卷跋》等。

米芾，北宋时期著名书法家、画家、书画理论家。他性格张狂，桀骜不驯。因为他举止癫狂，所以人们称他为"米颠"。他的儿子米友仁在书画领域也有极高的造诣，人们称他们父子二人为"大小米"或"二米"。米芾在书法艺术上成就卓著，尤其是行书。米芾的作品稳而不俗，险而不怪，自然流畅，奔腾放达，具有跌宕跳跃的神韵。苏轼赞其如"风樯阵马""沉着痛快"。他的代表作有《参政帖》等。

蔡襄，字君谟，号莆阳居士，北宋时期著名的政治家、书法家。蔡襄博学广识，擅长正楷、行书和草书。苏轼说他"行书最胜，小楷次之，草书又次之"。蔡襄取法王羲之、颜真卿、柳公权等名家。他的字浑雄敦厚，温雅端庄，似乎能反映出他忠厚仁义的品格，人们评价他的字是"端劲高古，容德兼备"。蔡襄恪守晋唐书法法度，并在此基础上努力创新，形成了自己独特的风格。蔡襄的书法技巧可以看作晋唐法度与宋朝意趣之间的一座桥梁，这也使他成了宋代书法发展史上不可或缺的重要人物。

偏安一隅

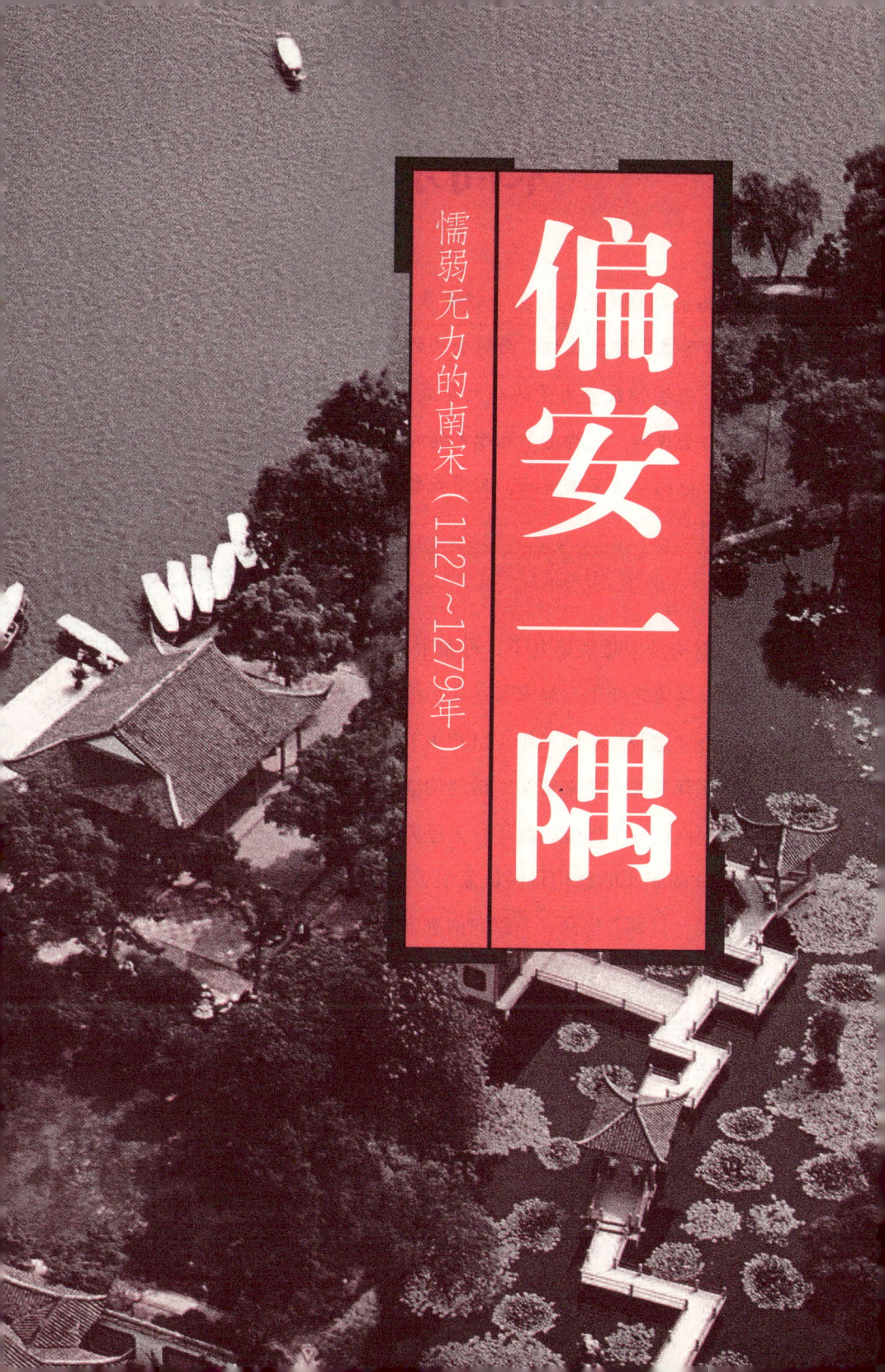

懦弱无力的南宋（1127~1279年）

宋高宗赵构

高宗赵构是南宋的第一位皇帝。他在靖康之变中侥幸逃脱，后来在南方登基，建立政权。面对金兵的入侵，他一味投降求和，一路逃到江南。他害怕抗金力量的壮大会威胁到自己的统治，所以陷害爱国忠良，与金议和。赵构是个无德无能的皇帝，却又是个艺术造诣颇高的书法家。他的书法潇洒流畅，深得魏晋的风流气韵。

赵构南渡，迁都杭州

赵构是宋徽宗第九子，母亲韦氏并不受宠，所以在皇子中的地位不高。靖康之变中，赵宋宗室几乎都被金兵俘虏，只有当时不在京城的赵构侥幸逃脱。靖康二年（1127年），金兵攻陷汴京，挟持赵宋宗室北归。张邦昌派人送来玉玺，请赵构继承帝统。同年，赵构在南京应天府（今河南商丘）即位，改年号为建炎，史称南宋。

软弱胆小的赵构将国仇家恨丢到脑后，抛弃了仍在中原坚持抗战的军民，只顾着保命，一路向南逃窜。他贪图安逸，在逃亡生活中也不忘找机会偷欢享乐。绍兴二年（1132年），南宋迁都杭州，暂时获得了喘息之机。

与此同时，国内的游寇已形成割据之势，农民起义军的力量也在不断壮大，金兵随时有南侵的可能。面对内忧外患，赵构对金以求和为主，对内则全力镇压反抗。在向金人求和未遂的形势下，赵构也曾任用一些主战派将领抗金，并挫败了几次金兵的进攻；但他只是出于自卫，并不想利用大好时机进行北伐。赵构频频派出使臣向金求和，遭到了朝

宋高宗《徽宗文集序》

野上下的强烈反对。手握重兵的韩世忠、岳飞等主战派将领更向高宗明确表示，要收复失地，灭敌雪耻，万万不可屈膝求和。

重用奸臣，迫害忠良

主战派坚决反对议和，而岳飞甚至提出要迎请二圣（被金人俘虏的宋徽宗和宋钦宗）还朝。赵构对此相当不满，担心自己的皇位不保，于是重用支持议和的秦桧等人，紧锣密鼓地处理议和之事。朝廷内外群情激奋，抗议运动更是达到了前所未有的规模。尽管高宗大为震怒，把反对议和的大臣都贬了官，但他还是有所顾忌，最后让秦桧等人代替他跪拜受诏。

赵构以为议和之事已成，从此可以安享太平了；但岳飞等人却仍想要率师北伐，这引起了他的切齿痛恨。于是，他开始秘密酝酿除去岳飞的阴谋。他先削夺了张俊、韩世忠和岳飞三名武将的兵权，令他们的军队听命于自己，然后让秦桧陷害、诬告岳飞。结果，岳飞因莫须有的谋反罪被高宗赐死，主战派再无力阻挠高宗议和，南宋最终与金朝签订了绍兴和议。

谈"金"色变，苟且偷安的高宗迁都杭州后，整日寻欢作乐，毫不体恤百姓疾苦，反而以抗金的名义横征暴敛，使百姓痛苦不堪。

赵构贪生怕死，昏庸无能，在做了36年皇帝后，以厌倦政治为借口禅位于太子赵昚，之后卒于1187年，在世整整80年。

杭州西湖

抗金名将

南宋政权建立后，高宗偏安一隅，而金国却撕毁宋金和议，大举南侵。在国家民族的危急存亡之际，南宋涌现出许多爱国将士，如北宋末、南宋初的抗金名臣李纲、抗金大臣宗泽、抗金大将韩世忠以及抗金英雄岳飞等。他们精忠报国，为南宋立下了汗马功劳，但最终却没有实现北伐，没能完成祖国统一的大业。

宗泽开封保卫战

宗泽，字汝霖，婺州义乌（今浙江义乌）人，宋代抗金大臣。他博闻广识，文武双全，为官清正，体恤百姓。

南宋建立后，主战派的李纲极力推荐宗泽主持抗金事宜。于是，高宗任命宗泽为东京留守兼开封府尹。他大力开展整顿工作，以期恢复开封的安定与繁荣，还在开封城建立起了强大的防御设施，防卫体系从开封城一直延伸到黄河南岸。他号召全民团结抗金，招募并训练了大批的义兵与正规军一同作战。1127年，金军兵分三路南侵，来势汹汹，妄图一举消灭南宋。宗泽料事如神，保卫开封，一再挫败金兵的攻势，还乘胜追击，收复了不少失地，迫使金兵退往黄河北岸。开封保卫战令宗泽威震敌军，而开封城也成了金兵不可逾越的屏障，使南宋得到了

宗泽墓

暂时的安全。

他力劝高宗还京，誓师北伐，却壮志难酬，最终忧愤成疾，于建炎二年（1128年）秋连呼"渡河！渡河！渡河！"而逝。宗泽一生忠心耿耿，在国家危难之际挺身而出，力挽狂澜，鞠躬尽瘁。他不但拥有卓越的政治和军事才能，还拥有令人崇敬的爱国主义精神和民族气节，其英名流芳百世。

抗金名将韩世忠

韩世忠，字良臣，南宋抗金名将，身材魁梧，勇猛无畏，武艺高超。

1129年，金兵分两路渡江，攻破建康（今江苏南京）、临安（今杭州）。韩世忠在长江上伏兵截击北归的金军，其夫人梁红玉也亲自击鼓助威，使宋军士气大振，重挫金军。金军只得退往黄天荡（镇江西至仪征南）。黄天荡之战历时48天，"十万敌兵来假道，八千骁骑截中流"，从而大大鼓舞了南宋军民的士气。

1134年秋，金联合伪齐南侵，70多万大军直逼淮南。高宗派魏良臣向金乞和，而韩世忠却率军于大仪镇（今扬州西北）迎敌。韩世忠诱骗了给金军报信的魏良臣，在大仪镇附近设伏，金兵大败。韩世忠亲率精兵追杀金兵，直抵淮河岸边。金兵纷纷溃逃，有无数人马葬身淮河。此战大大鼓舞了南宋军民的斗志，被誉为"中兴武功第一"。

韩世忠一生征战沙场，忠心报国，为南宋立下了汗马功劳。但他因反对议和而为投降派所不容，最终被解除兵权，抑郁而终。

抗金英雄岳飞

在国家民族的危急存亡之际，南宋涌现出许多爱国将士，岳飞就是其中的佼佼者。

岳飞，字鹏举。传说他的母亲在他的背上刺了"精忠报国"四个字，而他也以此为一生的处世准则。宗泽认为他是个将才，提拔他当了将军。从此，岳飞便因赫赫战功而名扬天下。

岳飞治军严明，所率领的岳家军"冻死不拆屋，饿死不打掳"。岳家军骁勇善战，金军中流传着"撼山易，撼岳家军难"的说法。岳飞一生战功赫赫，最有名的战役包括朱仙镇大捷、收复襄阳六郡、郾城大战等。

金国帮助刘豫建立伪齐政权后，与其组成联军一同攻宋，襄阳六郡相继失陷。但岳家军骁勇善战，再加上伪齐军缺乏金兵的援助，势单力薄，岳飞在三个月内就收复了襄阳六郡。这次大战使南宋开国以来第一次收复了大片土地，使紧张的局势暂时得到缓解，还大大鼓舞了南宋军民的抗战决心。

绍兴十年（1140年），宋军与金兵主力之间在郾城进行大决战。金兵的数次攻击都被击退，最终四散溃逃。

岳飞在朱仙镇大败完颜宗弼后，突然收到了十二道金牌班师诏，只得率军回朝。之后，他就被秦桧等人以"莫须有"罪名杀害。

岳飞一生精忠报国，未酬北伐之志却惨遭奸臣陷害，但他崇高的民族气节却不会被人们遗忘。后人都以这位伟大的爱国英雄为榜样，其忠勇精神是不可磨灭的。

岳飞像

绍兴和议

绍兴十一年（1141年），南宋与金订立了绍兴和议。绍兴和议确定了宋金之间政治上的不平等关系，结束了两国长达十余年的战争状态，标志着宋金对峙局面的形成。1161年，金国撕毁绍兴和议，大举南下，企图一举灭宋。

废除伪齐政权，宋金初步和议

靖康之变后，金国在淮北地区先后建立了伪楚、伪齐两个傀儡政权，企图以汉治汉，形成金宋抗衡之局。伪齐政权较伪楚政权存在的时间久些，但南宋军民对伪齐政权相当不满，加上伪齐军在与南宋的战争中频频失利，所以渐渐成了金国眼中的累赘。

以汉治汉的政策没有达到预期效果，而宋军又屡屡大挫金兵，这让金国产生了暂时停战的念头。金国于是对南宋采取诱降策略。他们向南宋使者表示：如果南宋愿意向金国称臣纳贡，金国可将河南、陕西之地"赐还"。高宗大喜过望，遂定都临安，命秦桧为右相兼枢密使，抓紧时机处理宋金议和事宜。

绍兴八年（1138年），高宗让秦桧替他跪拜，接受金国国书。根据和议，金将河南、陕西之地划归南宋，南宋向金称臣，交纳岁币。

南宋与金达成了暂时停战的和议。

金国废除和议，大举南侵

但好景不长，金国的主战派很快又占了上风。1139年，主战派的完颜宗干（完颜斡本）、完颜宗弼等掌权，以谋反罪处死主和派的完颜宗磐、完颜宗隽等人。1140年，金熙宗诏令完颜宗弼等人收复河南、陕西等地，彻底违反了之前的和议。

完颜宗弼率领东路军从黎阳（今河南浚县）一路南下。宋军节节败退，金军顺利攻克东京开封府、南京应天府等地。当金军行至顺昌府（今安徽阜阳）时，大将刘锜和知府陈规奋力守城，大败金军主力，使完颜宗弼只得退守开封。顺昌军民在名将的领导下，以少胜多，粉碎了金军的进攻梦想，遏制了金军南下的脚步，获得了保卫战的全胜。在西路，宋将吴璘又打败金兵，收复了扶风（今陕西咸阳东），守住了通往西南地区的要地，使金军不能入侵西南。

高宗虽然也令武将积极迎战，阻挡金军，但他只是为了自保，并没有夺回失地的念头。当岳飞准备进军中原时，高宗派李若虚传旨给他，要他班师。岳飞坚决不从，率岳家军分路出发，很快就收复了颍昌（今许昌）、陈州等地。岳飞在河南战场连战连捷，令南宋军队士气大

岳飞墓前的秦桧夫妻跪像

振。

抗金战场上捷报频传，而高宗却担心若北伐成功，钦宗归来会威胁自己的皇位；若北宋失利，则会得罪金国，影响和议。于是在金兵退归淮河北岸后，高宗又与秦桧等人开始谋划求和之事，各路宋军只得奉旨撤兵。刚刚收复的中原再度失陷，岳飞北伐的愿望彻底破灭了。

1141年初，完颜宗弼乘各路宋军撤兵之机，又率大军渡淮南下。金兵主力在柘皋遭到部署周密的宋军的阻击，伤亡惨重，只得放弃渡江南侵的计划。

（南宋）官窑粉青贯耳穿带壶

再次和议

高宗倚重武将抗金，结果造成武将势力崛起，对皇权构成了潜在的威胁。因此，金军撤兵后，高宗就开始削夺武将们的兵权。高宗将张俊、韩世忠和岳飞召回朝廷，表面上是升了他们的官，实际上是收回了他们的兵权。后来，高宗又与秦桧合谋陷害岳飞。这样一来，朝廷的主战派都没有能力再阻碍宋金议和了。

绍兴十一年（1141年）秋，宋金最终达成和约：宋向金称臣，金册封康王赵构为南宋皇帝；划定东以淮河中流为界，西以大散关

（金）定窑系绿釉倒流水滴

（今陕西宝鸡西南）为界，南属宋，北属金，宋割唐（今河南唐河）、邓（今河南邓州市）二州及商（今陕西商县）、秦（今甘肃天水）二州之大半给金；宋每年向金纳贡银二十五万两、绢二十五万匹，自绍兴十二年开始，每年春搬送至泗州交纳。南宋与金订立的这一和约即绍兴和议。

对南宋来说，绍兴和议是一个丧权辱国的不平等条约。此条约签订后，宋金结束了战争状态，形成对峙局面，维持了二十年的相对和平。

唐岛之战

绍兴三十一年（1161年），宋军与金军在黄海进行了一次大规模的海战。金国舰队全军覆没，一举灭宋的计划彻底失败，这次海战被称为唐岛之战。唐岛之战在历史上意义重大，是火药和火器应用于战争后的首次海战。战后，宋金两国维持着长期对峙的局面。

完颜亮背弃盟约，李宝海上迎敌

绍兴和议签订之后，南宋朝廷满足于偏安一隅，享受太平，而金国却没有真正打消南侵的念头。1149年，完颜宗幹的儿子完颜亮发动宫廷政变，杀死金熙宗，自立为帝。当上皇帝后，完颜亮便开始为入侵南宋积极备战。

1161年，完颜亮正式出兵南侵。金国的60万大军在完颜亮的部署下发起全面进攻，战线东起海上，西至陕西。陆军分为三路，另有海军水兵七万人，战舰600艘，配合陆军夹击宋军。完颜亮对四路并举、海陆夹击的战略部署相当满意，坚信不出百日必能灭宋。

危急的形势迫使南宋朝廷做出相应的部署。时任两浙西路马步军副总管兼率舰队守卫海防的李宝主动请战。他曾在岳飞部下统率义军，屡建奇功。朝廷批准李宝率领拥有水兵3000人、战船120艘的舰队沿东海北上袭击金国舰队。

（南宋）持罗盘陶俑

李宝从投诚的金国汉族水兵那里得知，金国舰队锚泊于唐岛（一名陈家岛，今山东灵山卫附近）。根据这个情报，李宝决定主动出击，宋军水兵也斗志昂扬，舰队遂奔袭唐岛。李宝命令舰队全面开战，顿时"鼓声震荡，海波腾跃"。金军慌忙起锚张帆，准备迎战，可战舰却挤成一团。李宝马上令水兵向敌舰发射火药箭，因为金国战舰的船帆布都是油布，见火即燃，所以整个舰队刹那间陷入一片火海。李宝又指挥水兵登上未受火药箭攻击的敌舰杀敌。敌舰上汉族水手也趁机投向了宋军。金国海军最终全军覆没，宋军大获全胜。

唐岛一战，意义非凡

金国海上失利，而各路陆军也频频受挫，其主力还在采石大战中受到重创。完颜亮的南侵计划没能顺利实现，而金国的贵族则趁他举兵南下时改立了新的皇帝。屡屡战败的完颜亮最终被部下杀死，其一举灭宋的愿望彻底破灭。

唐岛之战，三千宋军以少胜多，彻底粉碎了金国沿海南下直取临安的计划。李宝率领的水军虽然人数少，但将士们同仇敌忾，个个斗志昂扬；而金军人数虽多，但大多是被迫参战的汉人。他们帮助宋军取得了难得的战机，最后又在战斗中倒戈起义，大大削弱了金军的力量。

唐岛之战取得全胜，李宝功不可没。唐岛之战和采石之战的胜利扭转了南宋的危局，对历史的发展具有非凡的意义。战后的宋金两国维持了长期的对峙局面。另外，唐岛之战是火药和火器应用于战争后的第一次海战。

孝宗赵昚

宋孝宗是南宋比较有为的皇帝。他胸怀大志，一心想要北伐抗金，收复中原，重整朝纲。但由于高宗频频施压，主和派大力反对，主战派力量不足，导致孝宗北伐失败，收复中原的愿望没能达成。迫于形势，南宋只得与金再次议和，订立了丧权辱国的隆兴和议。

临危登皇位，收拾旧山河

宋孝宗赵昚，原名伯琮，是宋太祖赵匡胤的七世孙。1162年，高宗立36岁的嗣子赵伯琮为太子，将其名改为昚。同年，赵昚登基，即宋孝宗，高宗为太上皇。他怀有抗击金兵、收复中原的雄心壮志，其政治观点和高宗是不同的。即位后的孝宗力图中兴，决心一改宋金战和不定的政局。

孝宗虽然不满高宗对金屈膝求和的做法，但仍对高宗谦恭仁孝，从不明显地反对高宗。不过他在处理政事时一反高宗的做法，平反岳飞冤案，驱逐秦桧党羽，将曾被高宗贬官的主战派大臣召回朝廷，还主动联络北方地区的抗金义军。他不畏金人，拒绝了金国索地议和的要求。

（南宋）刘松年《中兴四将图》

隆兴元年（1163年）春，孝宗命李显忠、邵宏渊等率军北上，讨伐金国。宋军在北伐初期连战连捷，北方人民大受鼓舞，纷纷加入北伐的队伍。孝宗大喜，升李显忠、邵宏渊为正、副招讨使，决心彻底收复北方失地。然而，宋军内部很快出现了问题，正、副将领不和，使得宋军的行动无法协调统一，大大削弱了士兵的作战积极性。此时，金兵从仓促应战的忙乱中调整过来。在金兵的围攻下，宋军惨败。此次北伐是孝宗执政期间唯一的一次北伐，历时仅20天。虽然北伐以失败告终，但这是南宋对金战争中的第一次主动出击。

又与金议和，隆兴和议

北伐的失败为主和派攻击主战派提供了理由。他们要求与金议和。孝宗虽不甘心放弃复国大业，但北伐的惨败毕竟使他深受打击。他逐渐冷静地意识到收复中原是长久之计，而议和是目前的可取之策。于是，孝宗决定暂时与金议和。身为太上皇的高宗也频频向孝宗施压，要他彻底打消抗金的念头。

迫于多方面的压力，隆兴二年（1164年）秋，南宋与金国正式签订和约。双方协定：南宋不再对金称臣，金与宋为叔侄关系；保持绍兴和议划定的疆界不变；宋给金的"岁贡"改称"岁币"，每年向金交纳的银、绢改为二十万两和二十万匹；宋割商（今陕西商县）、秦（今甘肃天水）二州给金；金不再要求宋归还由金国属地逃入宋的人员。这次和议史称"隆兴和议"。

隆兴和议签订后，南宋一派和平

（金）夹袍

景象。朝廷不思进取，中兴大业无人再提，大臣们曾经收复中原的迫切渴望和北伐抗金的雄心壮志渐渐消磨殆尽，孝宗对此深感无奈和痛心。此后，孝宗的治国政策趋于平稳，南宋社会又渐渐繁荣起来。

孝宗整顿吏治，慎重地选择人才，还减轻赋税，与民休养，兴修利民工程，大力发展经济，被认为是南宋历史上最有作为的皇帝。他执政的这段时期也是南宋历史上政治最清明，经济、文化最繁盛的时期。

岳飞墓

襄樊之战

在金庸的小说里，郭靖是在襄樊之战中英勇牺牲的。历史上确有襄樊之战，此战是宋元战争中具有重要意义的战役，关系着宋元王朝的更迭。元军于1273年攻下樊城和襄阳，打开了南下的大门。从此，元军长驱直入，几年后便灭了南宋，统一了中国。

攻宋，"宜先从事襄阳"

襄樊位于湖北省北部，汉水中游，是襄阳、樊城两城的合称。如今湖北的襄樊市是1950年合襄阳、樊城两镇建成的。襄阳和樊城"跨连荆豫，控扼南北"，是兵家必争的战略要地，也是南宋的边陲重镇。1134年，岳飞曾收复襄阳六郡。此后他马上修建防御工事，驻军防守，使襄阳成了南宋阻挡金军南下的军事要塞。

咸淳三年（1267年）冬，投降元军的南宋将领刘整向忽必烈献策。他告诉忽必烈南宋"无襄则无淮，无淮则江南唾手可也"，要攻南宋就要"先攻襄阳，撤其捍蔽"。忽必烈参考刘整的建议，开始了对南宋的战略部署。

元军对襄阳城进行战略包围，并建立起了一支颇具规模的水军，在战略上已处于优势地位。南宋政府为挽救危急的局势，展开了反包围战和援襄之战。襄樊之战由此拉开序幕。

宋军与元军在襄阳城外围的战争持续了三年，但因元军包围之势已形成，宋军援襄没能成功，襄阳城的守军也无法取得反包围战的胜利。宋军败局已定，只能勉强坚守。

最后的战役

元军为了尽快攻下襄樊,决定采取分割围攻的战术,认为只要攻下了樊城,襄阳便会不攻自破。咸淳九年(1273年)初,元军从东北、西南方向对樊城发动总攻。元军先毁掉了樊城与襄阳之间的通路,使襄阳的援兵无法前来援战,然后用回回炮猛攻,使樊城守军寡不敌众,樊城失陷。

随后,元军攻打襄阳城,同时劝降吕文焕,并要胁他说投降可保全部军民性命,不投降则屠城。得不到朝廷的援救,城中军民又纷纷投降,吕文焕无奈之下只好投降元军。襄樊之战就此结束。

历时近六年的宋元襄樊之战以襄樊失陷而告终。南宋军民凭着保家卫国的勇气对抗强大的元军,能坚守襄樊多年已是相当难得。南宋都城临安在襄樊陷落后的第三年就被元军攻破了,而南宋小朝廷流亡了三年后,也最终走向灭亡。可见,襄樊的确是关系到南宋存亡的战略要地。

襄阳古城墙

最后的抵抗

南宋后期的统治已经岌岌可危，而此时的蒙古王朝又异常强大，南宋的败局已定。然而，一些爱国官员誓死不屈，英勇战斗。如南宋著名的抗元将领文天祥、陆秀夫、张世杰等，为南宋的存亡进行着最后的战役。他们的爱国主义精神和伟大的民族气节一直激励着后人。

浩然正气文天祥

文天祥，原名云孙，字履善，又字宋瑞，号文山，吉州庐陵（今江西吉安）人，南宋抗元将领，伟大的民族英雄和爱国诗人。

元兵大举入侵时，宋恭帝只有四岁，由太皇太后谢氏听政。1276年，文天祥奉命到元营谈判，因不肯屈服，被伯颜押往大都（今北京）。文天祥途中脱身，赶到福建与张世杰、陆秀夫等会合，继续抗元斗争。1277年，文天祥率兵攻入江西，收复了多处州、县。但元军在空坑一战中大败宋军，文天祥的妻子儿女也被元军俘虏，只有他自己得以逃脱。1278年，文天祥再次战败，自杀未遂，后被元军俘虏。

文天祥被俘虏后，敌人用尽各种手段劝他投降，他都坚决不从。以《过零丁洋》中："人生自古谁无死，留取丹心照汗青"表明心迹。元世祖很尊敬这位忠心报国的英雄，命人将文天祥软禁在大都

陆秀夫负帝殉海像

(今北京)的会同馆,并以礼相待,打算慢慢劝降文天祥。但文天祥坚贞不屈,誓死不降,在狱中创作了不少传世的文章和诗词,如《指南后录》第三卷、《正气歌》等。元世祖实在没有办法,只好下令处死文天祥。1283年初,时年47岁的文天祥从容就义于大都柴市。

在生死面前,文天祥选择了取义而求死,其浩然正气激励着一代又一代的中国人。

崖山之战

1276年,南宋正式宣布投降,恭帝赵㬎和太皇太后谢氏被押到大都。就在元军攻破临安城的时候,度宗的淑妃杨氏由国舅杨亮节掩护,带着自己的儿子益王赵昰和广王赵昺,即宋朝二王出逃,在金华与大臣陆秀夫、张世杰、陈宜中、文天祥等会合。刚满七岁的赵昰在福州被拥立为帝,即为宋端宗,建立起了流亡朝廷。

1278年,小皇帝病死在广东的一个小岛上。张世杰、陆秀夫等又立赵昺为帝,即宋末帝。赵昺登基后,又在崖山建立了抗元的据点。

1279年初,张弘范率领元军对崖山发起总攻。宋军惨败,陆秀夫背着赵昺跳海自尽,不少后宫和大臣也纷纷效仿。张世杰虽突围出去,但也溺死海中。

崖山之战后,南宋最后的抵抗力量也为元军所灭,南宋彻底灭亡。崖山之战虽然以惨败告终,但南宋军民在此战中体现出的伟大的爱国主义精神和不屈不挠的英雄气概可歌可泣,激励着一代又一代的人为保家卫国而奋勇斗争。

南宋文化

更趋繁荣

南宋名流

南宋的文化在北宋繁荣的基础上继续发展，更趋完备。这一时期，词的发展达到了顶峰。受时代影响，整个词坛出现新貌，反映复杂的民族矛盾的爱国诗篇层出不穷，代表人物有陆游、辛弃疾等；哲学上更是大放异彩，如理学之集大成者朱熹、创立心学的陆九渊；史学的成就也远超前代。

"别具一家"李清照

李清照，号易安居士，南宋著名的女文学家，在诗、词、文、赋等方面都颇有成就，最擅长的是词。她的词独具一家风貌，被称为易安体。

李清照被誉为婉约宗主，不仅具有男性词人无法相比的多愁善感

（清）崔错《李清照像》

和真挚情意，更有着超越封建时代的性格和品质。她视野开阔，胸怀大节大义；她关心国家民族的命运，坚持民族气节；她敢于坚持自我，努力寻求个人价值的实现。李清照身上所体现的个性与现代人相比也毫不逊色，可谓是一个超群脱俗的女杰。

金人南侵后，她随丈夫一路流亡，行至当年项羽自刎之处乌江镇时，不由吟诵出"生当作人杰，死亦为鬼雄。至今思项羽，不肯过江东"的千古绝唱。这首诗豪迈大气，根本不像出自女子之手。

她一生经历坎坷，但依然心怀天下，忧国忧民。后期她的作品充满伤感，表达了对国家变故的深切悲痛，达到了她文学创作的巅峰。而她也被誉为"当行本色"的婉约派"词家一大宗"。

豪放词人辛弃疾

辛弃疾，字幼安，号稼轩，历城（今山东济南）人，南宋著名爱国词人，豪放派代表人物。他一生主张抗金复国，却无法施展大志雄才，愤而作词。

由于性格原因，他的词大多表现对于民族耻辱的悲愤，抒发报国热情以及壮志难酬的苦闷。词作笔势浩荡，沉雄豪迈，感情强烈，后人将他与苏轼并称为"苏辛"。辛弃疾在苏轼词的基础上，大大拓展了词的思想意境，表现出了炽烈的感情和坚定执着的信念，独具个人风格。

辛弃疾还大大拓展了词的题材范

（南宋）辛弃疾《去国帖》

围。在他现存的600多首词中，除了关于抗金复国的题材之外，还有不少作品描写了田园山水、风俗人情、日常生活及读书心得，有的甚至还谈论哲理、赞美友情和爱情。他几乎将能写的都写入了作品中，达到了无事、无意不可入词的境界，为词的发展做出了巨大的贡献。人们赞他是"人中之杰，词中之龙"。

爱国诗人陆游

陆游，字务观，号放翁，南宋著名爱国诗人、词人。他胸怀爱国热情，坚持抗金，却屡遭当权派的排挤和打击，遂归隐田园以诗明志。

他的诗至今尚存9300余首，在艺术上和思想上都取得了卓越的成就。在诗中他不仅抒发政治抱负，反映人民疾苦，批判统治集团的屈辱投降，也描写了许多日常景物及田园风光。他的田园诗"山重水复疑无路，柳暗花明又一村"，清新而富有哲理；以梅花自喻的《卜算子·咏梅》更是千古传诵的名篇。陆游的爱情诗朴实无华，没有刻意的修饰和雕琢，如写给唐婉的《钗头凤》表达了他对唐婉真挚、凄然而终生不渝的爱情，触动人心，令人感叹。

陆游胸怀炽热的爱国热情，不仅力主抗金，还关心人民疾苦，希望改革弊政，减轻百姓负担，即便一直受到压制和排挤，也无怨无悔地坚持自己的理想和抱负。梁启超称颂陆游"诗界千载靡靡风，兵魂销尽国魂中。集中十九从军乐，亘古男儿一放翁"。

理学集大成者朱熹

朱熹，南宋著名思想家、理学的集大成者，也是儒学的代表人物之一。

朱熹一生潜心学术。他以周敦颐及二程的哲学思想为基础，从佛家和道家等思想中汲取精华,再加上自己的思考,终于形成了自己完整的哲学体系,即程朱理学。他也是儒家学派的一代宗师。他认为,在超现实、超社会之上存在一种标准,即世人所有行为的准则,也就是"天理",只有去发现和遵循天理,才是真、善、美,而"人欲"则会破坏这种真、善、美。所以,他提出"存天理,灭人欲",这也是他客观唯心主义思想的核心。1176年,朱熹曾与陆九渊展开了一场客观唯心主义思想与主观唯心主义思想的争论——"鹅湖之会"。

朱熹在儒学方面的影响力仅次于孔子和孟子。他的学术思想后来被定为儒学正宗,成为封建地主阶级统治人民的理论工具,同时也使封建社会的意识形态更加完善。朱熹的学术思想于15世纪传入朝鲜,在16世纪传入日本并引发了不小的热潮,后于17世纪传到了欧洲。朱熹的学术思想不仅影响了整个世界文化史,还以其独特的魅力吸引着一代又一代的人去学习和研究。

"心学"祖师陆九渊

陆九渊,字子静,号象山,江西抚州金溪人,南宋著名哲学家、教育家,与当时的著名理学家朱熹齐名。他创立心学,属于主观唯心主义流派。

陆九渊认为人生于天地之间,灵于万物,贵于万物,与天地并而为三极,故人不可轻。他以如何"堂堂地做个人"为前提,提出了"本心说",主张"先立乎其大者",后世依此将他所创的哲学体系称为"心学"。

心学认为"人心至灵,此理至明;人皆具有心,心皆具是理";"宇宙便是吾心,吾心便是宇宙";"宇宙内事是己分内事,己分内事是宇宙内事"。陆九渊认为心和理是本来就存在且永恒不变的,而道德修养和知识也是人的天性中本来就有的，并非通过日后修炼得来。学习的目的是发现自己的本心。而人心会受到欲望的诱惑而被蒙蔽，所以人必须"切己体察，明义利之辨，辟异端邪说，发明本心"。

陆九渊是杰出的思想家，是心学的开山祖。他的哲学思想经过后人的补充和发展，成了明代之后主要的哲学思潮，其巨大的影响力一直持续到近现代。

白鹿洞书院

与宋并立

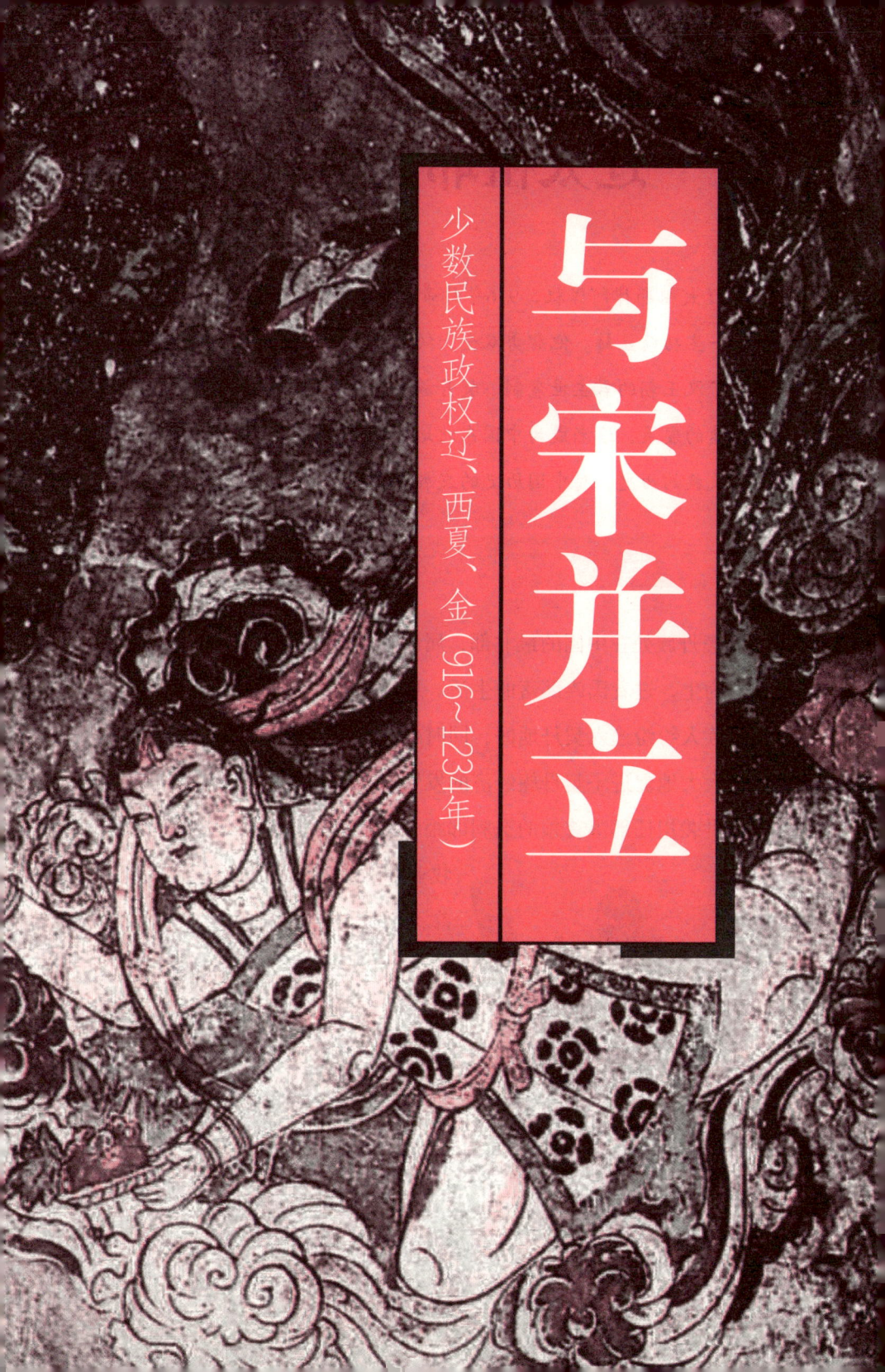

少数民族政权辽、西夏、金（916~1234年）

辽太祖耶律阿保机

辽太祖耶律阿保机，916年称帝，创立了辽王朝，国号契丹。阿保机的一生功绩显赫。他智勇双全，统一了契丹，创建了契丹文字，并且引入了汉王朝的君主世袭制。契丹族在阿保机的统领下，经济、政治得到迅速的发展，逐渐成为中国东北地区强大的少数民族之一。他改写了契丹民族的历史，对中国历史的发展也起到了较大的促进作用。

契丹兴起，阿保机统一草原

契丹族处在中国的最北部，属游牧民族。契丹人祖祖辈辈以渔猎畜牧为生，过着氏族部落的生活。唐朝末年，中原地区战乱不断，北方汉族人纷纷逃入契丹地区，同时也带去了大量先进的生产技术和工具，大大地促进了契丹族经济的发展。在契丹众多部落中，由耶律氏家族世袭担任部落首领的迭剌部距中原较近，发展相对较快，农业、牧业相对发达，势力居于众多部落之首。

阿保机成年后，胸怀壮志，意气凌云，有一种与生俱来的领袖气魄。他率领部落连年征战，战功累累，深受族人的信任和景仰，成为部落首领的最佳候选人。

阿保机在30岁那年被推举为迭剌部的夷离堇（即部落的酋长或联盟的军事首

契丹高翅鎏金银冠

长），从此兵权在握，开始大展身手。他率军征战，先后击败了室韦、奚、吐浑等部落，清除了周边的隐患。后来他洞察渤海势力衰弱，便借机东侵，成功入主了辽东地区。903年，阿保机荣升于越（史称"总知军国事"，职位高于夷离堇，掌握联盟的军事和行政事务，相当于中原王朝的宰相），掌管军国大权，成为名副其实的领袖。907年，阿保机通过部落联盟选举仪式，设立祭坛，祭拜祖先天地，正式即位，成了契丹民族史上最优秀的统治者。

向往帝位，正式建立辽国

阿保机在成长的过程中受到汉族文化的影响，思想逐步汉化。他继位后，便开始对契丹进行改革，废除了一些旧制度，进一步巩固了自己的权力和地位。他采取了一方面扩大联盟的统治范围，一方面积蓄个人势力的办法，组建了由耶律曷鲁统领的"腹心部"，培养了一支忠心于自己的侍卫军，使他们成为自己巩固统治地位的保障。阿保机野心勃勃，不愿再受到可汗选举制度的束缚（当时，可汗之位任期三年，到期必须改选，由这个家族另外的成年人担任），极力想要效法中原王朝，自立为王，实行君主世袭制。

916年，阿保机正式称帝，国号为契丹，后改为辽，是为辽太祖。从

契丹大字银币

此，一个强大的奴隶制政权诞生了，契丹民族进入了文明社会。阿保机建国后，继续效仿汉族制定国家的政治、经济制度。阿保机后来定都上京，使契丹族结束了游牧的生活，有了固定的都城。阿保机还注意发展契丹的文字，命令大臣参照汉字的构造建立契丹大字。契丹大字的诞生使契丹族结束了结绳刻木记事的时代，大大推动了社会经济、文化的发展。后来，阿保机的弟弟迭剌又创造了拼音型的契丹小字，使之成为辽朝的通用文字，使辽文化得到了更好的传播。阿保机崇拜汉人，认为他们是智慧之源，极力起用流入契丹境内的汉人为官。

阿保机是一个深谋远虑的领导者，在继承契丹优良的文化传统的同时，借鉴汉族文化，使两种文化得到了良好的融合，进一步推动了契丹文化的发展。而且他在汉化的过程中不急不躁，稳步推进汉化的进程，既有所吸收也有所保留。

萧太后摄政

辽代的女中豪杰层出不穷，她们或是战场勇士，或是贤良内助，女性的阴柔和阳刚在她们身上完美地融合在了一起。萧太后是辽代历史上最有威望的一位皇后。她是景宗的妻子，圣宗的母亲，乳名燕燕，史称萧太后。她不仅辅佐病弱的景宗，培养年幼的圣宗，在国家的治理上也颇有建树，对辽国的有效统治长达40年之久。她摒弃保守思想，主张革新，推崇汉文化。辽代在她的统治下日趋强大，达到了历史上的鼎盛时期。萧太后不仅是辽代一位伟大的政治家和军事家，也是中国历史上的一代女杰。

凤之皇权，治国有方

萧绰是辽景宗的皇后，辽国宰相萧思温的小女儿，从小生长在广袤的科尔沁草原上。萧绰秀外慧中，聪颖好学，很小的时候就扬名内外。辽景宗耶律贤爱慕萧绰已久，最终册封她为后。

辽景宗后来久病不起，对于政事力不从心，但是他立志振兴国家，所以将全部的希望寄托在这位皇后的身上。萧绰被允许参与朝政，使她的雄才大略得以彰显。在萧绰的励精图治下，辽国逾加强盛，政局稳定，经济振兴。982年，辽景宗去世，留下遗诏："梁王隆绪

（辽）鎏金银面具

嗣位，军国大事听皇后命"。当时圣宗隆绪只有12岁，年仅29岁的萧绰理所当然地成了辽国的统治者。

政权交到了孤儿寡母手中。萧太后为平息众臣的不满，博取众人的同情与支持，就先以示弱的姿态面对景宗的一批老臣，解除后顾之忧后才大刀阔斧地进行改革。她推行汉法政策，奖励农业耕种；肃清官场风气，提倡勤政清廉；审理冤案，善待奴隶；修订刑法，废止连坐等残酷刑罚。她的一系列改革，促使辽国迅速从奴隶制国家向封建制国家转变。作为少数民族的首领，她提倡加强汉族与契丹族的沟通往来。她规定，只要是辽的臣民，就一视同仁，共同享受辽人的待遇，凡是触犯法律的都要受到惩罚。988年，萧绰还在辽国实施了科举制度。平民百姓只要有才能，也可跻身上流社会，升官发财。这些举措为统治阶级积蓄了大批富有才干的知识分子。在萧绰的治理下，百姓安居乐业，国家经济、政治显著发展。她也由此得到了百姓们的拥戴。

铁马红颜，与宋作战

自古便有这样一句话：战争中没有女将。可是在中国军事博物馆中的历代军事家的展厅里却悬挂了一幅女军事家的画像，这个人就萧绰。她既是一位杰出的政治家，又是一位文武双全的军事家。

辽宋两国之间积怨颇深，自从石敬瑭割让给契丹幽云十六州后，北方少数民族便将它作为据点，时不时地南下侵扰。另外，这块土地辽阔肥沃，物产丰富，是一块风水宝地，辽、宋都窥视已久，谁也不肯放弃。986年，讨伐幽云之后，宋太宗对辽国发动第二次大规模战争，这就是历史上有名的"雍熙北伐"。面对北宋大举进攻，萧绰亲自率军迎战，采取了正面诱惑、后面包抄的战术，将宋军一举歼灭，扭转了不利于辽的战局，削减了大宋的兵力。从此，辽国对宋居于强势地位，在战争中由被动转为主动。

之后,萧绰更加注重培养精兵良将,加强辽国的军事实力,并主动向宋宣战。她多次亲临战场,辽军战无不胜,攻无不克,扬名内外,也使得辽周边的党项、女真等部落纷纷向它称臣纳贡。1004年,萧绰率领20万辽国精兵南征大宋。辽军声势浩大,所向披靡,不到两个月的时间就已攻入澶州(今河南濮阳),临近北宋都城开封。宋朝慌乱之下,只得投降言和。萧绰顾全大局,同意议和,这就是历史上著名的"澶渊之盟"。由此,辽宋南北对峙的局面正式形成。

(辽)女仆托盘铜烛台

西夏开国皇帝李元昊

西夏开国皇帝李元昊，党项族人，是北魏鲜卑族拓跋氏的子孙，其李姓是唐朝所赐。李元昊文能治国，武能兴邦，有勇有谋。但是他好猜忌，性情暴躁，好大喜功，风流成性，最后因为与太子夺妻而被太子所杀。西夏王国存在于我国西北边疆近200年，物质文明和精神文明都相对发达。综合评价，李元昊也称得上是个圣主明君。

虎父无犬子，英雄出少年

1003年，李元昊出生于灵州（今宁夏灵武）。传说他刚出生时就有一股威武之气，因此深受父亲李德明的喜爱。李元昊长大后身材高大，威武挺拔，经常白袍加身，头戴黑冠，身佩弓矢，驾骏马，出行时有骑兵护驾，其阵势煞是威武。李元昊从小习文练武，对兵书甚是喜爱。除此之外，他还喜爱读一些定国安邦的法典著作，而且精于谋略，看问题见解独到。

李德明在位期间能够实现"西掠吐蕃健马，北收回鹘锐兵"，很大程度上归功于当时的主将李元昊。尤其是在西攻甘州回鹘时，李元昊采用了突袭的战术。回鹘可汗尚未来得及调配兵马，甘州城就已经被攻陷了。李元昊从此名声大振。

1032年，李德明病逝。李元昊在兴州（今宁夏银川）凭借着自己出色的军事才干和显赫的战功，以太子的身份取得了党项政权的最高统治权，开始向着帝位前进。

承父亲遗愿,开国建制

李元昊继位之后,为了增强党项内部的团结,争取贵族和广大人民的拥护,同时也为了保持民族特色,下令本族人统一改姓"嵬名",并且要求本族人剃秃头、穿耳洞、戴重配饰,使党项族内掀起了回归传统的热潮。

1034年,李元昊开始仿照中原王朝兴建京师,设立文武百官。这不仅推动了社会经济、政治的发展,推进了党项社会内部的封建关系逐步加强,同时也适应了刚刚占领的汉族地区人民的需要。李元昊重新整编军队,建立了自己的一支部队,同时加强边境的防守。1038年,李元昊在兴庆府的南郊高筑祭坛举行仪式,正式登上了皇帝的宝座,定国号为大夏,历史上称其为西夏。自此,宋、辽、夏三国鼎立的局面正式形成。

建国后,李元昊显示出了出色的政治才华。他侧重发展农业和畜牧业,积极修建水渠,设立"农田司"管理农业,并设立了专管畜牧业

西夏王陵遗址

的"群牧司";李元昊特别重视汉族的知识分子,积极收罗人才为自己服务;他创立了西夏文字,这是他对西夏国文化的最大贡献。西夏文字的推行,不仅对加强统一、巩固西夏政权起到了巨大作用,而且为加强民族意识建设做出了突出贡献。

阿骨打伐辽建金

金太祖完颜阿骨打是女真族完颜部的领袖,金国的开国之君。阿骨打拥有敏锐的政治嗅觉和出色的军事才能。他统一女真诸部,在1115年创立金国,登基为帝。他率领女真族反抗辽国的统治,数次击败辽国,并且最终灭亡了辽国。在政治上,他推行改革,促进生产,还命人造出女真文字,大大促进了女真族政治、经济、文化的发展。

头鱼宴上的阿骨打

完颜阿骨打,按出虎水(今黑龙江哈尔滨东南阿什河)女真完颜部人。成年之后的阿骨打身强力壮,沉默寡言,性情刚毅,抱负远大。他在拓展部落联盟领土和平定联盟内部叛乱的战争中快速成长,战功赫赫。

中年时的阿骨打对辽国在女真部落的残暴统治和严酷压榨日渐反感,反辽情绪日益高涨。1112年春,辽天祚帝耶律延禧千里迢迢从京都来到东北春州(今吉林省境内)游玩,并借春天水美鱼肥之机,很有兴致地在混同江(松花江)边垂钓。根据当地习俗,每年春天捕捞的第一条鱼应该献祭给祖先,并要摆酒庆贺,举办"头鱼宴"。头鱼宴上,辽天祚帝命每个部落的酋长都前来觐见。酒喝

(金)双鱼铜纹镜

到一半时,他要酋长们轮流给他献舞。酋长们尽管觉得受辱,但是也没胆量抗旨,只得轮流跳起民族舞蹈为辽帝助酒兴。轮到阿骨打时,他推辞说不会,拒绝跳舞,并摆出一副临危不惧的样子。辽帝心中不悦,一再命令。阿骨打坚决不从。辽帝大怒,有了杀他的念头,后因担心女真诸部反叛才没有动手。

头鱼宴之辱让受剥削的女真人难以忍受,于是他们着手准备反辽。阿骨打动员女真诸部从事生产,大造兵器,修建工事,并且不断收集辽国的资料,为反辽作积极的准备。

伐辽建金,兴起女真

1114年,阿骨打在召集来的诸部军队面前细数辽国的恶行,发誓勠力同心,灭亡辽国。阿骨打率先出击,以弱胜强,大败辽军。1115年,辽天祚帝亲自领兵,集结70多万大军,兵锋直指阿骨打,却被两万女真人所败。

1115年初,阿骨打建国,登基为帝,国号大金,定都会宁府(今黑龙江省阿城区南),统治辽河以东的大片土地。

建国后的阿骨打对内完善制度,对外整顿军务,实力大为增强。金军于1115年继续攻辽,陆续占领黄龙府(今吉林农安)和辽西地区;1120年,占领辽上京临潢府(今内蒙古巴林左旗南);1122年,攻占辽中京(今内蒙古宁城西)、西京(今山西大同)等地,使辽天祚帝逃往夹山(今内蒙古萨拉齐

完颜阿骨打建金

西北)。同年年底，阿骨打领兵拿下燕京（今北京）并继续派兵追杀辽帝。

1123年，阿骨打在返回金国上京的路上病逝。阿骨打戎马一生，凭借他的雄韬伟略创立了金国，消灭了辽国，对女真族的统一和发展做出了巨大贡献。建国之后，他命人创造了女真文字，加快了女真社会向文明社会的转变。阿骨打是女真族的英雄，也是中国历史上卓越的政治家和军事家。

金上京会宁府遗址

海陵王完颜亮

完颜亮原本是金朝贵族，后来发动政变，诛杀金熙宗，篡位成功，历史上称其为海陵王。他登基后实施了一连串的改革，强化皇权，迁都燕京（今北京），将金国的统治重心南移。他和隋炀帝杨广一样，残暴不仁，声色犬马，还经常发起战事，破坏金宋和平，最终被反叛部将乱箭射杀。

弑君夺位，巩固皇权

海陵王完颜亮，字元功，女真名叫迪古乃，是金太祖庶长子完颜宗干的二儿子。完颜亮的性格具有多重性，一方面他表现得宅心仁厚，心无城府；另一方面又很激进，疑心很重，有时还心狠手辣。完颜亮曾说："吾有三志，国家大事，皆我所出，一也；率师伐远，执其君长问罪于前，二也；得天下绝色而妻之，三也。"他通过政变，实现了第一个理想。

1149年，完颜亮跟左丞相完颜秉德、驸马唐括辩等人同谋，弑熙宗，登基为帝，改元天德。

由于完颜亮是弑君夺位，因此他登基之后，十分注重巩固自己的帝位。他一方面以高官厚禄重赏与自己共谋篡位之人；一方面极力铲除与自己敌对的大臣，并努力拉拢中间派。在施尽各种手段后，完颜亮终于暂时稳定了政局。

同时，完颜亮提拔很多女真族平民阶层中有才能的人和熟悉封建典章制度的渤海人、契丹人和汉人当官，巩固了皇权，争取到了封建地主阶级的支持，扩充了自己的统治基础。

随后，完颜亮对金国的政治制度展开了大刀阔斧的改革。他将兵权收归自己掌握；改革科举考试；打破女真贵族世代权倾一方的局面；完善五京制度；强迫上京的女真豪门大族徙往中都，并损毁上京的旧宫殿、贵族们的府邸和寺院，使他们无法再回上京；印制、发行纸币，命名为"交钞"；大举改革官制。

完颜亮的这些举措，严重地削弱了女真奴隶主和大贵族的力量，推动了女真族封建生产关系的快速发展，加快了女真族的封建化进程，使北方社会经济得以进一步恢复和发展。

进图江南，最后被杀

完颜亮达成他的第一和第三个志向后，准备达成其第二个志向。他认为经过两三年的战争，就能够灭亡南宋，一统江南。但事实上，此时金国的国力已在宋朝之下，首要任务应该是休养生息，发展生产，提高综合国力。但完颜亮不顾国情，仍然一意孤行，发动灭宋之战。

1159年初，完颜亮关闭金宋边境的権场，下诏准备征伐宋朝，并且着手征兵，征调牲畜、囤积粮草。1160年，为了筹集军费，完颜亮预收五年税赋，使人民处于水深火热之中，各处百姓纷纷揭竿起义，反抗苛政。但是完颜亮对此却视而不见。

1161年，完颜亮御驾亲征攻打宋朝。但就在金军渡过淮河的前一天，东京留守完颜雍（太祖孙）发动政变，在东京即位，是为金世宗。第二天，世宗下旨废完颜亮，改元大定。

（金）琉璃鸱吻

完颜亮闻讯后继续南征，但在海上的唐岛之战和陆上的采石之战遭到重创，大军伤亡惨重，战船损毁超过半数。在采石之战后，金军军心不稳，众将不愿再渡江开战；但是完颜亮固执己见，强迫士兵渡江。部下忍无可忍，发动兵变，将他乱箭射杀于大帐之中。

一代雄主完颜亮，在位12年，最终客死他乡。

（金）撒土浑谋克印

威震欧亚

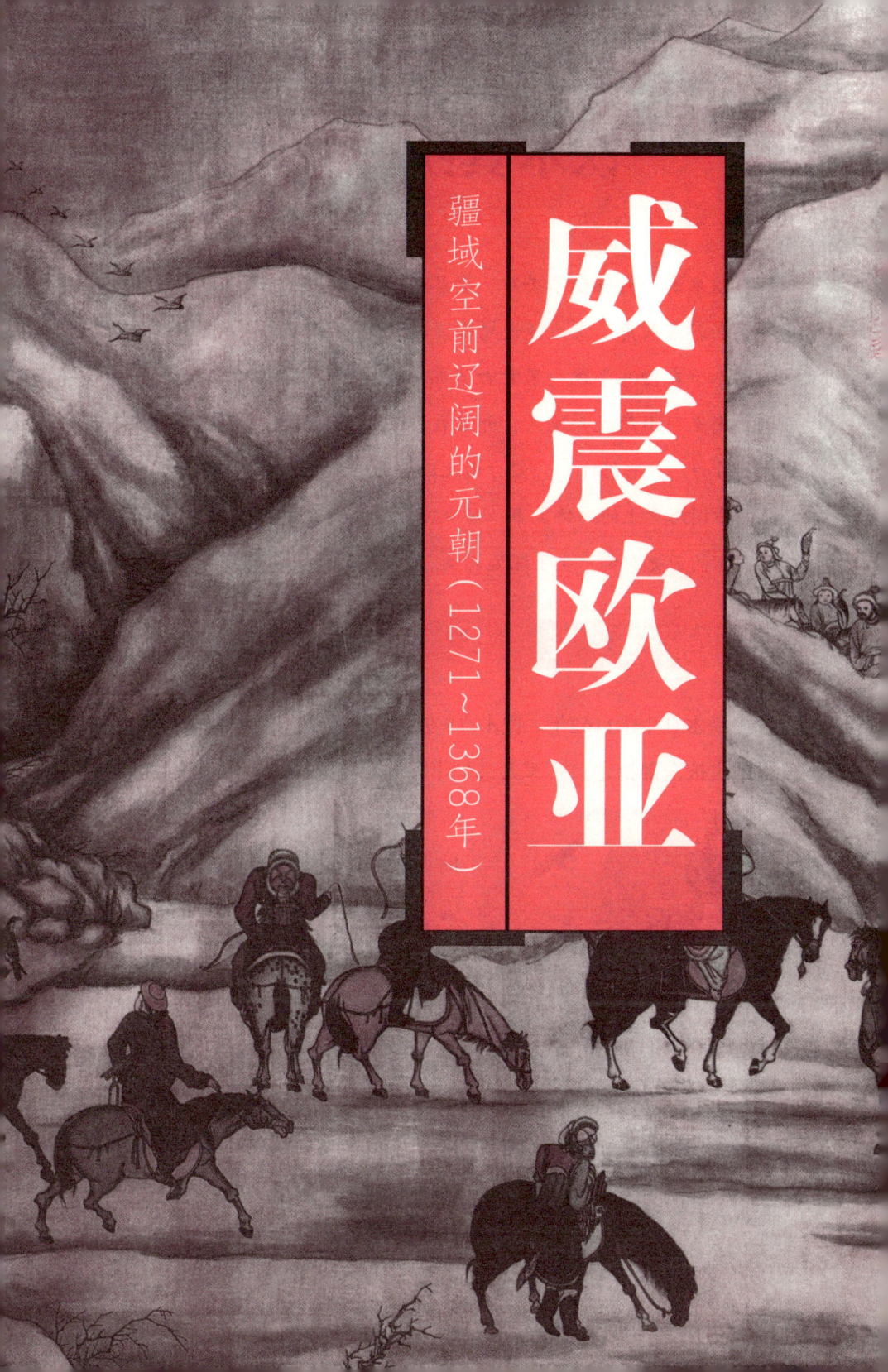

疆域空前辽阔的元朝（1271~1368年）

铁木真统一蒙古

铁木真小时候受尽苦难，尝尽辛酸，但是他在逆境中坚忍不拔，并逐渐崭露头角，实力慢慢增强。花了十余年的时间，铁木真东征西讨，终于在1206年统一了蒙古诸部，统治了东起兴安岭、西到阿尔泰山、南至阴山的大片地区，并且在1206年春创建大蒙古国，当上了大汗，号为"成吉思汗"。蒙古由此迈入阶级社会阶段，确立了奴隶制。这是中国历史上的一件大事，对中国各民族的历史，乃至欧、亚两洲很多国家的历史，都产生了深远影响。

雄鹰展翅，征服塔塔儿

铁木真生于1162年。铁木真9岁时，其父也速该被塔塔儿人毒杀，财产也被全部抢走，一家人逃到了不儿罕山。17岁时，铁木真娶了翁吉剌部的孛儿帖。由于也速该曾经帮助克烈部首领汪罕夺回王位，二人结为"安答"，即盟兄，因此铁木真年轻的时候得到了汪罕的帮助，势力一天天壮大。不久，他联合汪罕和札达兰部首领札木合击败了蔑儿乞部，夺回了被他们抢走的妻子孛儿帖。铁木真将营帐迁到了怯绿连河（今克鲁伦河）上游，慢慢有了自己的地盘，并且大量结交盟友，培植嫡系部队。他

铁木真统一蒙古

对人宽厚，练兵有素，很多蒙古人都乐于投效他，并最终推举他当了可汗。此后，他展开了与札木合之间的"十三翼之战"。铁木真虽被札木合与泰赤乌联军打败，但他广施仁义，使很多族人前来投靠，军事实力得到了加强，政治声望也进一步上升，为统一蒙古奠定了初步基础。

塔塔儿部是蒙古高原上各部落中实力较强的一支，跟铁木真所在的部落一直有仇。铁木真为报父仇，在塔塔儿部首领蔑古真反抗金国的压迫时，乘机与金军合作，发兵攻打塔塔儿部。为确保成功，他联合汪罕发兵，击败了塔塔儿。此战中，铁木真也折损了很多兵马。但是塔塔儿部很富裕，所以他缴获了很多辎重和牲口，以及各种珍宝，实力因此大增，地盘也扩大了。汪罕也被授以王的称号（王罕）。

（元）成吉思汗圣旨牌

统一蒙古

报完父仇后，铁木真实力更强，引发了草原诸部贵族的不安。乃蛮、塔塔儿、蔑儿乞、泰亦赤兀惕等部落首领拥戴札木合为"古儿汗"，就是众汗之汗的意思，发誓跟铁木真作对，共讨铁木真和王罕。

1202年，铁木真与札木合率领的联军在阔亦田大战一场。最终札木合带领的联军败北。阔亦田一战后，札木合联军走向瓦解，铁木真离统一大业又近了一步。

在铁木真发展壮大的过程中，王罕给了他许多的支持和帮助，而铁木真也数次发兵替王罕除去敌对势力，以之作为对他的报答。他们是名义上的父子关系，感情也很好。然而，随着共同的敌人日渐减少，特别是札木合部被除去之后，铁木真和王罕开始呈现并立之势。他们的关系变得日益复杂了。1203年，王罕发兵攻打铁木真，最终被铁木真击溃。王罕逃入乃蛮，被杀，克烈部亡。至此，铁木真成为蒙古中东部的主人，统一大业基本奠定。

1204年，铁木真发动了对乃蛮部的战争。乃蛮联军惨败。1206年，一些弱小部落陆续投靠了铁木真。整个蒙古都被征服了，铁木真最终实现了统一蒙古的伟业。

一代天骄成吉思汗

称汗之后的铁木真才刚刚跨出了他霸业的第一步。这个草原之王,指挥着能征善战的蒙古大军,又开始了征服世界之旅。他"深沉有大略,用兵如神",铁骑所到之处,战无不胜,攻无不克,很快横扫了欧、亚大陆,使大蒙古帝国的领土不停向外扩张。他的彪炳功绩成了人类社会历史上的奇迹。

一统大漠,扫平中亚

1206年,铁木真带领有功之臣在斡难河源头举行庆功大会,全蒙古的贵族也都来参加。会上,铁木真升起了最威严、最圣洁的九旒白旗。诸部共推他为整个蒙古的大汗,尊称他为成吉思汗(成吉思乃"大海"之意,成吉思汗意为像海一样广大的皇帝)。通过多年的征伐,铁木真最终创建了威名远播的大蒙古国,统治着东起呼伦贝尔草原,西达阿尔泰山的广大地区。

大蒙古国的建立不只对蒙古族影响重大,对中国历史和世界历史也有重大影响。成吉思汗在征伐的过程中,慢慢被汉文化影响,在军事、行政、法律、文化等各领域都创建了一套新的制度,使得奴隶制的政权渐渐转变为封建制的政权,在历史上起了

元太祖成吉思汗像

非常重要的作用。

建国以后的成吉思汗并未满足，在休息整顿之后又开始东征西讨。他凭借自己过人的胆识和卓绝的智慧，创造了一个又一个让世界震惊的奇迹。他"在位二十四年，灭国四十"，在其一生不计其数的征战中，所向披靡。1219年秋，他率领蒙古军队击败花剌子模，攻占了含帕米尔高原、今天的阿富汗、伊朗、伊拉克和苏联等地在内的大片领土，彻底扫平了中亚，打开了通往欧洲的门户。成吉思汗及其子孙们由此踏上了征服世界的道路。

六次兵发西夏，天骄陨落

对成吉思汗而言，西夏是最令他头疼的对手。他六次出兵攻西夏，前后历时22年。他第六次兴兵讨夏，终于扫平了西夏，灭掉了西夏国。可惜，这也是他的最后一战。在灭夏前夕，成吉思汗病逝。他在临终前，留下灭金的遗言，并且秘密拿下开封的军事计划。六年之后，拖雷带领诸将完美地实施了此计划，最终灭掉了金朝。未能亲率大军完成灭金大计，可能是成吉思汗此生最大的遗憾。

就蒙古民族来讲，没有铁木真就没有强大的蒙古民族。铁木真在

成吉思汗陵

乱世之中一统蒙古诸部，终结了草原上混乱的局势，创建了统一的大蒙古国，使蒙古牧民丰衣足食，也使自己成了蒙古族崇拜的英雄。

而就整个中国来讲，成吉思汗和他的子孙结束了华夏大地从唐朝之后开始的多个政权并立的局面，创建了元朝，完成了全国统一，并且奠定了现代中国的基本版图。

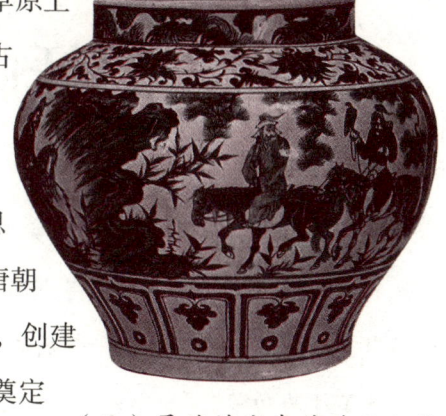

（元）景德镇窑青花骑马人物文壶

就世界来讲，成吉思汗和他子孙的蒙古大军横扫欧亚大陆，冲击了中世纪时欧洲的黑暗统治，让欧洲开始觉醒，并将东方先进文化和科技传播到那里，打破了东西方在交通和思想上隔绝的状态，加强了东西方文化交融，带动了人类文明向前发展。

成吉思汗的军事才干无人可及。到现在人们还在研究和学习他的军事思想。他赞成甚至鼓励宗教自由，就算是攻占了某个地区或国家，也能容得下当地的宗教和信仰，并不会强制要求当地人改信蒙古族的宗教。但与此同时，他的军队过度使用武力，使许多物质文明遭到破坏。

是非功过，可能成吉思汗本人从未思考过，他仅仅是按照自己所想去行事。这个伟大人物的埋骨之地也成了后世之谜。

（元）兽头琉璃瓦当

成吉思汗帐下名将

成吉思汗统一蒙古过程中，充分发挥了其无人可及的军事才能。但他的成功也离不开他众多的得力部将。如他帐下的几大名将：野战王速不台、功臣木华黎、神箭手哲别等。他们英勇善战，为蒙古帝国的建立立下了汗马功劳。

野战之王速不台

速不台，蒙古帝国的开国元勋。他很早就追随成吉思汗，成为成吉思汗忠实的那可儿（蒙语，伙伴之意）。他英勇善战，在统一蒙古的过程中多次立下大功，成为成吉思汗麾下的名将之一。

他征战过的地方，东起高丽，西至今波兰、匈牙利，北达西伯利亚，南到开封。他也因此成为古代世界历史中征战地域最广的将领。速不台拥有杰出的军事才能。他指挥蒙古铁骑，把野战战术发挥得淋漓尽致，行军速度极快，运动能力超强。他长于迂回作战和分兵夹击，所迂回的战场通常要跨越数个国家。速不台还在作战中首次大规模运用了间谍部队，使他对中东战场和欧洲战场都极其熟悉。

他在欧洲的行军作战方法至今仍被欧洲军事理论家所称道。他率领蒙古族铁骑以风驰电掣之势席卷而过，精于运动战和大迂回作战，因此被西方军事家们誉为"野战之王"。

开国功臣木华黎

木华黎是蒙古汗国的开国元老，成吉思汗麾下四杰之一，也是其最信任的部下。13世纪初，木华黎为大蒙古国的建立和灭掉金国立下了汗马功劳。

木华黎和速不台等人不一样，他把注意力集中在中原地区，参加了伐金等诸多战役。后来成吉思汗西征，命他独立负责伐金和统治中原事宜。他凭借自己的沉着冷静、足智多谋，充分发挥蒙古军队突袭和野战之长，取得了一次又一次的胜利。他还转变了蒙古军队屠城抢掠、然后退去的作战风格，为蒙古汗国制定了长期军事占领、慢慢征服金国的策略，为灭金奠定了基础。

蒙古骑兵攻战图

木华黎深受成吉思汗信任。成吉思汗曾钦赐他以大汗大帐制成的九斿大旗——相当于尚方宝剑，象征皇权，还对各将谕令："木华黎建此旗以出号令，如朕亲临也。"木华黎坐镇一方，手握重兵，却没有割据自立，背叛成吉思汗，而是为灭金殚精竭虑。木华黎对大蒙古国的建立、扩张甚至后来元朝的创立都居功至伟。

神箭手哲别

哲别，大蒙古国开国元老，成吉思汗麾下名将之一。哲别英勇善战，箭法精准，被誉为"蒙古的后羿"，也被称为"成吉思汗的神箭"。

哲别是蒙语的汉语音译，本意为"神箭手"。哲别最初就是靠个人高超的箭术得到成吉思汗的赏识的，后来跟随他东征西讨、屡建奇功,成为其麾下名将之一,并被称为"第一箭神"。

　　他跟随成吉思汗东征西讨,出征欧洲,直至多瑙河畔,奇袭乌沙堡,智取居庸关,横扫西域,名震欧亚,使"哲别"之名传遍天下,展现了过人的胆识和卓越的军事才能。那时的欧洲人谈起东方游牧民族的骑射技术,第一个想到的人就是哲别。后来,哲别因为年龄太大和长年征战、鞍马劳顿,于军中病逝,客死他乡。

蒙古兵押送战俘图

元睿宗拖雷

在《射雕英雄传》中,拖雷是郭靖的好"安答"(也就是好兄弟的意思)。他富于人情味,因此为很多读者所熟知和敬佩。历史上真的有拖雷这个人。他是成吉思汗的第四子,英勇善战,战功赫赫,是一位优秀的军事家。成吉思汗亡故后,由他摄政,后来他支持哥哥窝阔台登基。

统领军队,善战凶残

拖雷是成吉思汗的第四个儿子,和正妻唆鲁禾帖尼育有蒙哥、忽必烈、旭烈兀、阿里不哥四子。拖雷少时就跟着父亲东征西讨,跟他的三个哥哥一样英勇善战。成年之后,他四处征伐,为蒙古帝国的建立做出了很大贡献。成吉思汗把自己的四个儿子看成是帝国的四根支柱,让他们各自分管不同的方面:术赤管狩猎,察合台掌法令,窝阔台主朝政,而拖雷则统领军队。

1219年,拖雷跟着父亲西征。父子俩带领主力部队直逼不花剌城,并将其一举攻克。成吉思汗攻打塔里寒寨(今阿富汗木尔加布河上游之北)时,塔里寒军民顽强抵抗,据险坚守,使蒙古大军

蒙古射猎图

攻了七个月也攻不下来。拖雷受命回师跟成吉思汗一起围攻,才拿下此城,并将此城的军民尽数坑杀。有一次,一支蒙古小分队在马鲁城下被尽歼。拖雷知道后,在1221年春指挥七万大军围攻马鲁。马鲁守军将领出城投降。拖雷先谎称不杀他,等蒙古大军进城后,却仅留下了400个工匠,把城中其余所有军民和降兵全部坑杀。死难者多达70万人,马鲁城也变为了一片废墟。

汗位空缺,监摄国政

在成吉思汗的四子中,拖雷无疑是最受宠爱的。蒙古族有个习俗,即由最小的儿子承袭父业。所以,拖雷受封于蒙古本土。西征开始前,成吉思汗在考虑汗位继承人时,认为窝阔台宅心仁厚,长于人际交往,更适合处理朝政,所以决定日后由窝阔台承袭汗位。成吉思汗病逝后,根据封建帝制传统,应该马上由他选定的窝阔台继承汗位;但是此时,蒙古还未进入封建社会,其库里勒台制(部落议事会制度)依然发挥着重要作用。窝阔台欲登基为汗,还得等库里勒台的最终决定。后来,由于库里勒台意见有分歧,有的支持拖雷,有的支持窝阔台,导致汗位空了两年。这两年就由拖雷摄政。他也由此掌管了当时蒙古帝国的军政大权,成为当时蒙古帝国的实际执政者。

1229年,为了选出新的大汗,库里勒台又召开了大会。会上,依然有人墨守成规,认为该立小儿子

(元)黄绿釉骑马陶俑

拖雷，不遵从成吉思汗的遗命，使得大会上争吵不断。此时，术赤已死，窝阔台又有察合台的力挺，相比之下，拖雷势弱，最终被迫拥立他的哥哥窝阔台为汗。

窝阔台成为大汗之后，拖雷继续四处征伐，对蒙古帝国起着举足轻重的作用。所以有人说"拖雷之功，著在社稷"。

（元）金腰带装饰

元太宗窝阔台

窝阔台是成吉思汗的第三个儿子，于1229年登基，统治整个蒙古帝国。他执政期间，继承了成吉思汗的霸业，南征北战，大肆扩张版图。在为人上，他宽容大方，和蔼可亲。在政治上，他听从耶律楚材的建议，实行"汉法"，以儒治国，使自己过渡为一个封建皇帝，也使蒙古帝国过渡成了一个封建王朝，大大加快了帝国的经济发展和民族融合，是一代雄主。

定都和林，儒道治国

由窝阔台而非拖雷接任成吉思汗的汗位，可能算是历史的一个英明抉择。窝阔台具有敏锐的洞察力和沉着冷静的性格，尽管未能继承其父卓越的军事才干，但仍然不失为治国的理想人选。

窝阔台主政时期十分相信和重用耶律楚材。他接受耶律楚材"天下虽得之马上，不可以马上治"的建议，在中原和北方地区实施新政。

第一，改革官制。窝阔台在不断吸取周围优秀政权的治理经验的基础上，着手对汗廷和地方官制进行改革。他于1230年成立课税所，让赋税越来越制度化。1231年，他设中书省，命耶律楚材出任中书令，使蒙古帝国长期以来的军政合一制度发生了改变。正是在这些措施的基础上，蒙古政权才有了一连串汉化即封建化的改革。

第二，制定《大札撒》，并赋予它权威地位。《大札撒》的制定使全国有法可依，国家统治秩序有了保障。

第三，确立驿站制度。版图扩大，使驿路和驿站显得越发重要，所以窝阔台确立了驿站制度。

在思想上,窝阔台开始重视对儒学的钻研,并大封孔子后代,建造孔庙,极力传播儒家思想。1237年,窝阔台接受耶律楚材的建议,兴办国学,设立科举制。另外,他还在燕京设立经籍所,编辑印发经史,借此传播和保护中国传统文化。

窝阔台的一系列举措对蒙古帝国的封建化起到了非常重要的作用。

借道于宋,南下灭金

成吉思汗在灭夏前夕病逝,不能亲手灭掉金国成了他一生最大的遗憾,因此他在遗嘱中留下了灭金之策:利用宋金宿怨(源于靖康之变),联宋攻金,假道宋境,绕到唐(今河南唐河)、邓(今属河南),直接攻打金国都城南京(今河南开封)。

窝阔台当上大汗后明确表示要继承先皇遗志,灭掉金国。因此,1230年,窝阔台和拖雷领兵攻打金国。蒙古军分成三路大军,中路军和左路军分别从洛阳和济南出发;拖雷则指挥右路军故意借道宋境,由渭水流域进入汉水上游,拿下汉中(在宋境内);随后途经四川嘉陵江流域,抢掠了四川宝宁地区;最后,掉头往东北进发,突然出现在河南南阳一带。三路大军合围金国。接着,窝阔台派速不台攻打南京。尽管速不台遇到了南京军民的顽强抵抗,但是金哀宗却派人向他求和。蒙古军彻底拿下南

元太宗窝阔台像

京,金哀宗逃至蔡州。

随后,宋朝落井下石,出兵帮助蒙古攻打蔡州。最终,蔡州城破,金哀宗自缢身亡,蒙古帝国灭掉了金国。

宋蒙开战,远征钦察

金亡后,窝阔台只划给宋现在河南东南部的部分土地当作其出兵的报酬。南宋对此大为不满,一怒之下,率先攻击蒙古。这正好为蒙古攻宋提供了借口,也更坚定了窝阔台灭宋的决心。1235年,窝阔台在哈拉和林召开大会,誓师讨宋。宋、蒙战争由此开始。

同时,窝阔台在誓师讨宋的大会上,派出两路大军西征,继续征服世界。两支部队中,一支西征波斯等地,目的是铲除札兰丁残部;另一支则是为了征服钦察、不里阿耳诸部。西征波斯的军队顺利完成任务,札兰丁兵败而亡;但是进攻钦察等地的部队却遭到了当地人的奋起反抗。因此,察合台提议组建"长子西征"军,就是将各宗王的长子召集起来,组成以长子为领导层的西征军。窝阔台听从了这一建议。蒙古大军一路势如破竹,扫平欧亚。"长子西征"军的组建不仅确保了这次西征的胜利,捍卫了成吉思汗西征的果实,还促成了钦察汗国的建立。

窝阔台在登基后的第13个年头终因饮酒过度而一睡不醒。其妻和近臣们怀疑大汗是被人用毒酒杀害的,但这件事最终不了了之。这就是历史上所谓的窝阔台死因之谜。

觐见蒙古大汗图

坐收渔利的可汗蒙哥

蒙哥是拖雷的大儿子，登基后大举攻宋，并亲率主力大军攻打四川。在金庸的小说《神雕侠侣》中，蒙哥是被杨过用一块石子打死的。事实上，他是在攻打合州时被炮打中，不治而亡的。蒙哥之死虽然导致灭宋计划流产，但他发起的征服战争对日后元朝的建立起到了重要作用。

坐收渔利，蒙哥继位

1241年，窝阔台宾天。窝阔台的大儿子贵由于1246年登基。但不幸的是41岁的贵由只做了两年大汗就病逝了。

贵由死后，各派在汗位的继承问题上出现了分歧。窝阔台的遗命

元上都遗址

是由阔出的儿子失烈门继承汗位，并受到贵由的皇后斡兀立海迷失的支持。斡兀立海迷失是蒙古斡亦剌部酋长之女，在贵族中地位很高。贵由死后，她暂时摄政。长王拔都也是蒙古帝国各王中有实力、有资格当大汗的人，但是他年事已高，加上刚成立的钦察汗国版图很大，政务繁多，所以无意争夺大汗之位。拖雷长子蒙哥也很有实力。蒙哥本身战功赫赫：南下灭金，参加长子西征，斩敌众多，因此威望颇高。长王拔都于是偏向于蒙哥一边。

经过一番激烈的较量，蒙哥继承了汗位，随后铲除异己，扫清了自己执政道路上的绊脚石。

设立行省，亲自攻宋

蒙哥生性坚毅，沉着冷静，果断少言，不爱酒，不喜奢侈享乐，严格管束臣下，事事亲为。另外，他还是一位卓越的统帅，继承了先祖成吉思汗的威武之气，彻底恢复了祖先严厉的戒律。蒙哥当政期间，致力于根除贵由执政时的弊政，并结束了争夺汗位过程中给蒙古帝国造成的混乱局面，重振蒙古帝国雄风。他强化行政管理机构，逐步将蒙古帝国治理为一个真正的大国，是一位有为之君。

蒙哥重用拥立自己登基的大臣。他依然实行成吉思汗以来的宗教信仰自由政策，但是用人方面却偏好于任用蒙古的萨满教信徒。他控制着绝大多数的蒙古帝国军队，集军政大权于一身。

钓鱼城古城门

蒙哥确立了行省，强化行尚书省对地方的控制。蒙哥对全国诸地的统治实行的是遍设行尚书省和亲王出镇并行的制度。他一边任用自己的亲信担任行省长官，进而巩固对全国各地的统治；一边整顿长久以来各王公贵族以权谋私之风，强化对王公贵族和商人的控制；此外还命人统计人口，制定税赋标准，减轻人民负担。

窝阔台当政时发起的蒙宋之战持续了六年，最终以蒙古兵败而宣告结束，这也是蒙古军征服史上遭遇的首次重大失败。1258年，蒙哥发起第二次蒙宋战争。他亲率中路军从陕西打入四川，直逼重庆；南路军从河南攻打荆襄；北路军由忽必烈指挥，直奔鄂州（今武昌）。三路大军打算在鄂州汇合，随后顺流而下，直逼临安，一举灭掉南宋。

蒙哥领中路主力军一路南下，长驱直入，于遂宁大破南宋刘整军，很快拿下了成都。蒙古军沿着嘉陵江南下，欲占领重庆，在重庆的北面门户——合州遇到了宋军的奋起抵抗。两军在合州北部的钓鱼城发生激战。钓鱼城易守难攻，两军对峙了数月。蒙哥非常着急，于是亲自领兵攻城，不幸被宋军的大炮打中，负了重伤，不久身亡。于是，蒙古灭宋的计划被迫中止。南宋的统治时间得以稍微延长了一些。

元世祖忽必烈

忽必烈是中国历史上赫赫有名的帝王。他执政期间，迁都北京，改国号为大元，消灭南宋统一中国，奉行汉化，建立了当时世界上最强大、最繁荣的帝国。世界各地的使臣、客商、旅行家等都不辞辛劳、千里迢迢地赶往元大都。忽必烈结束了中国四百多年的分裂局面，创建了中央集权制的多民族国家，把奴隶制的蒙古帝国变成了封建制的大元朝。

平定内乱，统一全国

蒙哥死后，忽必烈和他的弟弟阿里不哥争夺汗位。1260年，忽必烈在手下将领和一部分蒙古贵族的支持下，在开平登基为汗，抢得了汗位。按照蒙古祖制，汗位继承人必须在蒙古人的兴起之地举行继承仪式，还得有各系宗王到场见证才算是合法。所以，忽必烈的做法遭到了很多贵族王侯的反对。特别是阿里不哥，他听说忽必烈窃取汗位后，便也称汗，跟忽必烈分庭抗礼，从而导致了蒙古帝国持续四年有余的内战。最后，忽必烈铲除了阿里不哥，巩固了自己的汗位。

随后，中原汉族军阀李璮起兵反宋，并在1267年兴兵大举伐宋。忽必烈听从南宋降将刘整的建议，

忽必烈像

调集精兵，围攻江、汉之间的军事要地襄、樊二城，但遭到南宋军民的拼死抵抗。1271年夏天，忽必烈又调四川等地军队水陆并发，增援襄、樊，随后占领樊城。襄城守将吕文焕不战而降，襄樊陷落。蒙军兵锋直指南宋都城临安。1276年初，南宋谢太后、宋恭帝赵㬎被迫向忽必烈投降，南宋灭亡。至此，中原地区几百年来的分裂局面被终结，元朝完成了大一统。

推行汉法，建国定制

1271年秋，忽必烈废除大蒙古国国号，改国号为元（源于《易经》的"大哉乾元"），第二年迁都大都（现北京市）。大元帝国沿用了中原历代封建王朝的政权框架，使得中央集权制被再次确立，统治秩序得以恢复。一个空前绝后的大一统封建帝国诞生了。

登基之前，忽必烈就发现了草原文明与农业文明的交集，意识到要以武得天下，以儒学、汉法治天下。于是从1260年登基起，他就确立了以儒治国、以汉为政的基本方针。

他丰富了元朝的中央中书省制度，增设枢密院，掌管全国军务，设长官为枢密使。元朝军政分工详细分明：在中央组建了复杂而规模巨大的中央政府机构，在地方设置行省、廉访司等。行省是行中书省的简称，负责一省政务，主管一省民政、财政、经济和军事。元朝的行省制加强了中央对地方的控制，对后来各朝的政治制度产生了重要影响。元朝之后，行省之名沿用至今。

（元）中统元宝交钞

在经济方面，忽必烈鼓励农桑，欲使国富民强。他大力倡导农业技术创新，总结农耕经验，引导农民种植。这些举措极大地促进了农业的恢复和发展。

在思想教育领域，忽必烈广建学校，大力提倡孔孟之道和程朱理学，大大地推动了儒学的发展。

尽管忽必烈实行汉法治国，但并未全都沿用汉族的规章制度，而是有所取舍。在某些方面，他实行汉、蒙两制并用，按不同情况实行不同制度，从而维护了蒙古族的特权。他还推行民族分化政策，导致了阶级矛盾和民族矛盾的日益尖锐。

历史功绩，千秋不朽

从1260年至1294年，元世祖忽必烈当政35年。他继承祖业，以自己的雄才伟略创建了当时世界上最强大、最先进的国家，不仅对中国历史产生了重要影响，而且深深影响了世界的历史。

忽必烈在执政期间，扩充了元朝的领土，将一些边疆地区重新纳入中国的版图，并对它们进行了有效的管理。元朝疆域之辽阔远在隋唐之上。台湾、云南、吐蕃等地区都变成了中国不可或缺的一部分。他强化了国内各民族间的联系，加快了民族融合的步伐，不仅推动了少数民族地区经济和科学文化的发展，也使中原各地的经济、文化生活大为丰富。忽必烈强化了对外的经济文化交流，奉行开明的对外政策，促使元朝跟一些亚洲国家甚至欧洲国家的经济文化联系日益紧密，推动了历史的发展。元朝时，造纸术传到欧洲，推动了欧洲文化的进步，使欧洲走出了中世纪的黑暗，为文艺复兴运动的兴起提供了条件。火药和火器传到欧洲，渐渐终结了欧洲的冷兵器时代。指南针的传入则有利于欧洲航海事业的发展，为哥伦布等航海家远洋航行，发现新大陆做出了贡献，从而使欧洲开始进入殖民时代。

忽必烈功勋卓著，但是也犯下了一些错误。他兴兵攻打朝鲜、日本、越南等国；在国内推行民族压迫政策；延续了蒙古族分地封户的传统，对旧贵族进行了妥协；另外，他推崇僧道，穷奢极欲，使百姓负担过重，引发了尖锐的阶级和民族矛盾，使民众起义接连不断。

总而言之，出身游牧民族的忽必烈，大力推行汉法治国，尊崇儒道，从而取得了极大的成就。虽然他也有一定的历史局限性，但仍然可以称得上是中国历史上一位出色的帝王。

（元）刘贯道《元世祖出猎图》

功过相当元成宗

元成宗名叫铁穆耳，蒙古汗国的第六位大汗，大元帝国的第二位皇帝。他执政期间，不再对外征伐，潜心于整饬朝政，促使社会矛盾趋于缓和，政绩斐然。但是他执政晚期，政局混乱，吏治腐败，造成国家财政赤字严重，政治越来越腐朽；加之其死前未确立继位人选，因此造成了元朝政局的动荡。

元成宗之"过"

忽必烈驾崩之后，由于太子真金早逝，真金第三个儿子铁穆耳凭借其母阔阔真和"汉法"大臣的支持登上皇位。

元成宗登基之后，立即对拥立自己的大臣大加封赏，对反对派也加以安抚，从而缓和了统治阶级的矛盾。在政治上，他推行"尊孔崇儒，倡导德治"，延续了忽必烈以儒治国的统治思路。但是他标榜"仁义道德"，对于部分案件的处理过于宽容，纵容了官员贪污腐败的行为，从而使元朝吏治腐败不断加剧。

总之，元成宗铁穆耳执政期间，虽无大功，亦无大过。他当政时期，最大之"过"要算征讨八百

元成宗画像

媳妇国,而最大之"功"则属平定北方诸王的叛乱。

当元成宗的统治日益巩固之后,他便开始羡慕祖辈的赫赫战功,也琢磨着如何立下"名垂青史"的功勋。于是,他借西南方有一八百媳妇国不肯归顺元朝为由,派兵去征讨。"八百媳妇国"指的是兰那国,成立于13世纪初期,大概在今天的缅甸东部。兰那是百万稻田之意。

(元)钧窑大香炉

1300年,刘深领兵从顺元出发,顶着酷热毒瘴行军。尚未开战,士兵就已死了很多。刘深强征百姓由溪谷险峻之路押送粮草,导致几十万人死亡,使得当地百姓人人自危。不仅如此,刘深还威逼水西(今黔西)土司的妻子蛇节(后为宋隆济之妾)拿出3000匹马、3000两银子资助大军,甚至想霸占她。这使得蛇节十分震怒,遂联合云南土官宋隆济起义,大破元军。为了挽回颜面,元成宗下旨革了刘深等人的职,还派猛将刘国杰领兵讨伐宋隆济和蛇节,最后迫使他们缴械投降。

在征讨"八百媳妇"一战中,元朝不但一无所获,而且还折损了很多兵马,消耗了大量财力,边疆也因此不再稳定。元成宗在此事上算是留名青史了,不过与他的预期却大相径庭。

平定西北部叛乱

西北地区的隐患是忽必烈在跟他弟弟阿里不哥争夺汗位时埋下的。尽管西北诸王内部矛盾重重,但海都和笃哇结盟后,雄踞一方,对元朝构成了强大威胁。元成宗登基后，也感到此事很棘手，曾想学忽必烈"御驾亲征"，但在他母亲阔阔真的规劝下，放弃了这个打算。

正当元成宗一筹莫展之际，原来一直跟忽必烈作对的药不忽儿等三个王爷领来一万多人投奔元朝，还主动请缨领兵攻打笃哇和海都。元成宗当然很高兴，遂派人押送钱粮前去犒师。药不忽儿等人曾是笃哇等人的盟友，不但了解西北地形，而且还知道敌军排兵布阵的规律，因此一击即中，大败笃哇，使得海都非常震怒。海都亲统大军逼近元朝边境。元成宗派侄儿海山领兵拒敌。两军交战，常胜将军海都最终败北，并且负了重伤，很快不治而亡。海都死后，剩下的部众臣服于元朝，承认了铁穆耳的蒙古大汗地位。而后，窝阔台汗国、察合台汗国、伊儿汗国和金帐汗国都相继表示臣服元成宗，使得整个蒙古王族在形式上又再次统一了起来。元成宗实现了其祖父未曾实现的目标，也算大功一件。

英宗新政

元英宗名叫硕德八剌，从小就接受儒家教育，精通汉文化。他登基后着手进行了一连串的改革，稳定了局势，使元朝的面貌大为改观。他是元代中期的一位优秀的政治家和改革家，但是他的改革受到一批顽固的蒙古贵族的抵制。最终，英宗死于叛臣之手，终年21岁。元朝此后也开始由盛而衰。

巩固政权，励精图治

元英宗硕德八剌执政仅四年，即从1320年到1323年。尽管很年轻，执政时间也不长，但他却是元朝历史上一位难得的明君。

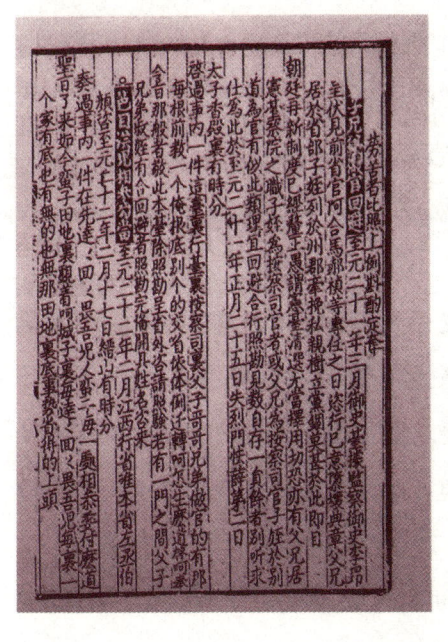

《元典章》书影

（元）釉里红花卉大碗

1320年，仁宗驾崩，英宗登基。此时，太后答己和右丞相铁木迭儿狼狈为奸，把持朝政。后来，铁木迭儿等人密谋欲行刺英宗。不料事情败露，英宗先发制人。尽管铁木迭儿有太后撑腰逃过一劫，但从此再不问政事。1322年，铁木迭儿、答己先后死去，英宗终于独掌大权，开始进行大刀阔斧的改革，整顿吏治，杜绝贪污腐败。

英宗自小受儒家文化熏陶，在其父仁宗的鼓励下，拜汉族儒者为师，修习经史子集。英宗聪慧好学，成年后熟悉汉族传统文化，拥有一定的汉族文化素养。这在元朝帝王中是不多见的。

巩固政权后，英宗决定全力推行新政。英宗新政的指导思想就是"以汉法治汉地"，从而根除时弊，中兴元朝。为此，他大规模地任用推崇汉法的大臣，最有代表性的就是封"汉法大臣"拜住为右丞相，以显示对他的器重和信任，并宣布不再设置左丞相。

英宗还重用部分儒士推行新法，提拔了大量汉臣。其任用儒士数量之多，是元朝历代中绝无仅有的。

元朝早期战争频繁，军费开支很大。为了增加财政收入，缓和国内矛盾，为人民减负，英宗实行精兵简政，加强中央集权。他还下旨"行助役法"，利用国家政令，要求地主按比例缴纳税赋，充作助役费，以减轻农民在劳役方面的负担。此外，他还推行有利于农民的轻徭薄赋等政策。

为了提高"汉法"的威信，更好地贯彻实施"汉法"，元英宗命一些儒士编写了《大元通制》，并予以审核，颁行天下。《大元通制》是一部元代"政制法程"的汇编，它的颁行表示"行汉法"被以法律的形式固定了下来。

英宗的改革顺应了历史发展的要求，让大元帝国重现生机；但是改革触动了许多蒙古贵族的利益，招致了他们的反对。

南坡之变，英年早逝

尽管在英宗和铁木迭儿的较量中，英宗取胜了；但是他对铁木迭儿的余党追究过严，使得以御史大夫铁失为首的铁木迭儿余党寝食难安。最终，铁失等人利用机会，发起政变，刺死了英宗，导致新政功亏一篑。

铁失能当上御史大夫全仰仗铁木迭儿的帮忙，因此对铁木迭儿感恩戴德。铁失之妹速哥八剌是英宗皇后。凭借这层关系，他很快攫取了大权，统领了禁卫军左右阿速卫。他还认铁木迭儿为义父，跟铁木迭儿同流合污。铁木迭儿亡后，英宗下旨严查其余党，铁失一系人人自危。加之英宗的新政严重损害了他们的利益，因此他们秘密谋划，伺机发动政变。但是英宗对此却未加以重视。1323年秋，机会出现了，英宗由上都返回大都，在南坡店（距上都30里）宿营。铁失立即与早已勾结好的

（元）钧窑 粉青窑变粉红碗

（元）招换司铜印

其他蒙古诸王，硬闯英宗下榻之处，杀了拜住。之后，铁失亲手将英宗杀死在床上，史称"南坡之变"。

铁失的结局也不好。他向晋王也孙铁木儿示好，欲立其为帝。后来，晋王也孙铁木儿在龙居河（即怯绿连河）登基，是为泰定帝。泰定帝登基后不久，就以犯上弑君之罪斩了铁失等人。

英宗死后，新政被取消。从此，大元帝国开始走向衰落。

元顺帝北遁

元顺帝是元朝的末代帝王。他当政早期受人掣肘,后来铲除异己,掌握了大权。尽管进行了部分政治改革,但他最终还是没能阻止元朝走向覆亡。面对力量不断壮大的起义军,他走上了北逃蒙古之路,去当蒙古的大汗,史家称该政权为北元。北元一直威胁着明朝的北部边疆,跟明朝并存,后来亡于大清之手。

擅长平衡之术,在位35年

元顺帝叫妥欢帖睦尔,是元明宗的长子。文宗宾天之后,文宗皇后扶持他登上了帝位。

元朝共有11帝,统治中原仅100余年。第一任皇帝元世祖忽必烈自称汗之日算起,执政35年。紧接着的九帝共计在位38年。这段时期内,宫闱斗争激烈,皇位更替频繁。而末代帝王元顺帝却执政达35年之久。在元顺帝执政的35年内,元朝最终由衰而灭。

纵观顺帝当政的35年,可以看出他是个善于运用制衡之术的君主。其人性情宽和、沉稳内敛、精于世故、能屈能伸,一生没有什么亮点。他登基初期,由于伯颜专权,因此当了七年的傀儡皇帝。1340年,他唆使伯颜的侄儿脱脱夺权,放逐了伯颜等人,掌握了大权。

元顺帝上皇太后尊号玉册拓片(局部)

执掌朝政后,元顺帝重用脱脱,编撰辽、金、宋三史,恢复科举,整治黄河,加强军事力量,重开海运,欲重振元朝。但事实上,这些举措都是脱脱施行的,而顺帝则在宫中过着声色犬马的生活。因被人诬陷,脱脱后来被削去兵权,遭流放而亡。脱脱是元朝的擎天之柱。他死后,元朝灭亡的脚步加快了,各地起义此起彼伏,大元气数将尽。

随后,哈麻等人专权,密谋废黜顺帝,之后东窗事发被处死。此时,元朝统治集团内部争夺皇位的斗争越来越激烈。宫闱斗争导致朝政混乱不堪,无人处理政事。面对这种局势,元顺帝也无计可施;加之此时各地守将拥兵自立,农民起义如火如荼,使得元朝的统治处在风雨飘摇之中。

"顺天命"北遁,元朝灭亡

元朝末年,天下大乱,不仅各地农民起义接连不断,而且诸镇守将割据自立,相互征伐。起义军在跟元军的交战中屡屡得胜,使朝廷变得势单力孤。各路义军中,以朱元璋的势力发展最为迅猛。他任人唯贤,在江南地区颇得人心。后来他击败陈友谅,控制了整个江南,随后灭了张士诚等南方势力,最后创建了明朝。

虽然形势很危急,但"百足之虫,死而不僵",元军仍然拥有较强的实力,假如合力反击,鹿死谁手还不一定。但是元朝各地拥兵自立,互相攻伐,自减实力,使得元朝元军很难有效地镇

元文宗画像

压义军。在这种局势下，朱元璋接受了部将徐达的建议，从临清（今属山东）直攻大都（今北京）。

元顺帝自觉无力回天，便着手北逃蒙古。顺帝也许深受幼年经历的影响，历经波折，早已没了锐气，只想着自保；可能也与他的喇嘛教信仰有关，一生都比较中庸。所以，面对敌军兵临城下，他一心只想着逃跑。一天夜里，顺帝带着太子、后妃从健德门逃出，后经居庸关逃到上都开平（今内蒙古多伦西北），毫发未伤，全身而退，创造了中国历史上末代帝王的奇迹。随后明军占领北京，元朝灭亡。

在朱元璋的追杀下，顺帝由开平逃到和林，后又逃往应昌，回到了蒙古的发祥地。尽管顺帝逃离了中原，但他依然是蒙古的大汗，因此史家将他在蒙古继续统治的政权称为北元。北元几乎一直和明朝对峙着，威胁着明朝北部边境的安全。最后，北元亡于大清之手。

明太祖朱元璋认为妥欢帖睦尔在城破前，能够顺应局势，弃城而逃，是顺应天命之举，因此专门为他加号"顺帝"，历史遂称妥欢帖睦尔为元顺帝。

（元）急递铺令牌

元末红巾军起义

元末，政治统治腐朽，百姓处于水深火热之中，起义接连不断，其中以刘福通率领的起义军声势最为浩大。因这支起义军的将士以红巾包头，所以称之为"红巾军"。红巾军发展很快，但是最终被元朝镇压了下去。此次起义影响了大半个中国，沉重地打击了元朝的统治，加速了元朝的灭亡。而各地的义军也借机壮大起来，继续反元大业。

石人一只眼，挑动黄河天下反

元末，由于统治者极力压榨百姓，巧立名目，乱征赋税，百姓生活难以为继，阶级矛盾日趋尖锐。当时，黄河泛滥，朝廷征调15万农民疏通河道。监工的官员借机中饱私囊，贪污民工的"食钱"。百姓饥寒交迫，怨声载道，忍耐即将到达极限了。

韩山童和刘福通等人利用这一时机，散布民谣："莫道石人一只眼，挑动黄河天下反"，同时在工地埋了一个独眼石人。石人后背刻有"石人一只眼，此物一出天下反！"，与民谣不谋而合。这些都是为起义造势，寻求起义

石人一只眼

的合理性而策划的。石人被挖出后，群众见了情绪激昂。于是刘福通揭竿而起，发动起义，应者无数。

刘福通是颍州（今安徽阜阳）人，韩山童为河北人。二人皆为白莲教的领袖，一直在北方地区暗中传教，宣称"明王出世""弥勒佛下生"，从而吸纳信徒。

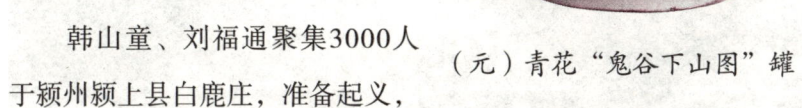

韩山童、刘福通聚集3000人于颍州颍上县白鹿庄，准备起义，

（元）青花"鬼谷下山图"罐

不料被元军察觉。元军很快包围了这些人。刘福通杀出重围，但韩山童不幸战死。突围后，刘福通将百姓组织起来，以头裹红巾为记，一举攻克了颍（今安徽阜阳）、罗山（今河南罗山县）、上蔡（今河南上蔡县）等地，势头很猛。

在红巾军的鼓舞下，全国各地的农民不断起来响应。其中，蕲水（今湖北浠水）徐寿辉部、萧县（今安徽萧县西北）芝麻李部、南阳布王三部、荆樊孟海马部、濠州（今安徽凤阳东）郭子兴部等势力较大。

"龙凤"府上坐

为了推翻元朝统治，起义军提出"以明斗暗"（"明"指起义军，"暗"指元朝统治）的口号，鼓励农民起来反抗朝廷，为自己求得一条生路。1355年，刘福通领兵占领亳州（今安徽亳县），立韩山童的儿子韩林儿为"小明王"，建国号"大宋"，改元"龙凤"，创建了农民革命政权。

奔腾的黄河

立国之后，刘福通指挥起义军于1357年着手北伐。他派出三路大军，各路大军一路摧枯拉朽，所向披靡，不断得胜，创造了"官府四散躲，红军府上坐"的良好局面。在三路大军转战各地的时候，刘福通领兵于1358年夏天占领了汴梁，并定都于此。农民政权定都之后，起义军的声势更大了，"东逾齐鲁，西出函秦，南过闽广，北抵幽燕"。放眼天下，各处皆是红巾军。在红巾军的冲击下，元朝统治摇摇欲坠。由于北方是元朝的统治中心，因此元朝统治者千方百计要剿灭红巾军，从各地调集军队全力镇压起义军。尽管红巾军作战勇猛，但是由于分兵作战，力量减弱；加之起义军未受过正规训练，缺乏战斗经验和详细的作战计划，因此吃了一些败仗。正当红巾军与元军酣战之际，刘福通身亡。中原地区的起义军群龙无首，很快被元朝镇压下去。1363年，红巾军所创的韩宋政权灭亡，红巾军起义失败。但是，红巾军征战了大半个中国，持续斗争了十多年，沉重打击了元朝的统治，加速了它的灭亡，也为南方起义军的发展赢得了时间。

(元)铜火铳

"摧富益贫",徐寿辉建天完政权

徐寿辉早就对元朝的黑暗统治心怀不满,看到北方刘福通揭竿而起,自己也于1351年在蕲州起义,当上了义军的领袖。他们也以红巾包头,通常被称为南方红巾军。同年,徐寿辉在蕲水称帝定都,国号天完。

徐寿辉是罗田多(今属湖北)人,家里很穷,最初以贩卖土布为生,生活在社会的最底层,对农民的苦难和社会的现状认识很深刻,于是提出了"摧富益贫"的口号,受到被压迫人民的欢迎。南方红巾军纪律严明,严禁抢掠百姓,所以很得人心,归顺的人越来越多。起义队伍很快多达100万人,并占领了湖北、湖南、浙江、福建等大片地区。后来在元军的进攻下,蕲水沦陷。徐寿辉指挥军队撤退并继续抗元。1359年,徐寿辉又定都江州(今江西九江),改元天定。正当起义形势好转之时,手握大权的部将陈友谅自立为汉王,并将徐寿辉诱杀于太平(今安徽当涂)附近的采石

(元)青花飞凤草虫文八角葫芦瓶

镇。不久，陈友谅篡位，自立为帝，国号大汉，之后很快败于朱元璋之手。

徐寿辉指挥的南方红巾军冲击了元朝的统治基础，波及大半个中国。他们提出的"摧富益贫"的口号具有进步的色彩。

后来，朱元璋在红巾军的基础上不断发展自己的势力，最终成为封建地主阶级的代言人，灭掉元朝，建立了明朝。

（元）如意纹金盘

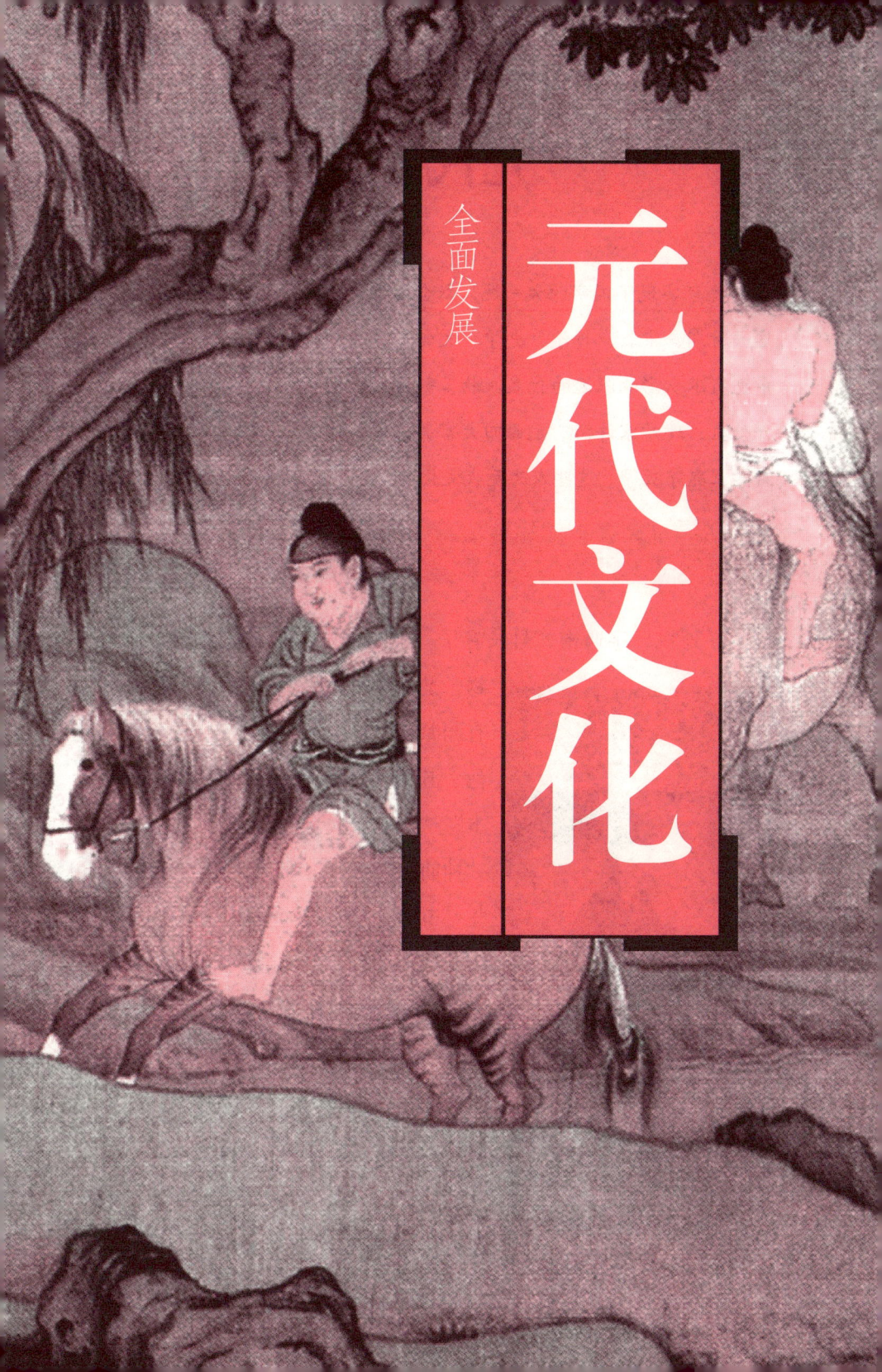

全面发展

元代文化

元代名流

元朝实现了国家的大一统。社会的稳定为文化的发展创造了条件。这一时期，宗教、哲学、史学、文学等方面都得到了进一步的发展。其中也有不少影响深远的代表人物，如被成吉思汗称为"神仙"的全真教丘处机；理学家许衡；元曲四大家关汉卿、郑光祖、白朴、马致远等；科学家郭守敬等。这些人为元代文化的发展做出了杰出的贡献。

长春道人丘处机

丘处机，字通密，号长春子。他是中国道教史上赫赫有名的人物，是全真教的领袖。他和成吉思汗还颇有渊源。成吉思汗在西征路上曾经召见过他。丘处机劝谏成吉思汗"敬天爱民为本""清心寡欲为要"，被成吉思汗誉为"神仙"。

其师王重阳逝世之后，丘处机继续宣传全真教道义，还在其师的观点之上，发展出一些更加贴近现实的思想，其中最有名的是："有卫生之道，而无长生之药。"丘处机写有《大丹直指》《摄生消息论》《蹯溪集》和《鸣道集》等。其诗和词作在当时也有一定的代表性，被编入后人所撰的文集内。而丘处机的徒弟李志

长春真人丘处机像

常则将他西游的经历详细记录于《长春真人西游记》一书中。

中央民族大学牟钟鉴教授评述他说："以宗教的社会安定功能而言，丘处机不仅是中国道教史上第一人，也是中国宗教史上第一人。"称赞他具有"仁爱无私、尊道贵德、包容通和、坚毅忠勇"的崇高品质。

学院领袖许衡

许衡，字仲平，中国13世纪卓越的思想家、教育家和天文历法学家。许衡生在战火不断，民族文化濒临消失的元代。他宣扬儒学和程朱理学，力推汉法，曾协助忽必烈治国，为中原生产的恢复、汉族文化的保留、国家统一的实现做出了重要贡献。

"我心有主"也是许衡哲学思想的体现。许衡认为世界的本原是"道"，"道"生"太极"，"太极"生"一气"，"一气"生"阴阳"，"阴阳"生万物，万物之中又以人为最。他在谈及天地万物时，承认矛盾的普遍性，这是他哲学思想中积极的一面。他还认为："万物皆有刚柔、动静、内外诸矛盾；每一矛盾双方都相济相胜。"但是他的哲学思想也带有形而上学的影子，体现在他认为矛盾的发展最终会"以静为主"上。

另外，他在文学、医学、历史、经济、数学、民俗等领域也造诣颇深，称得上是中国元代的一位全才，给后世留下了弥足珍贵的精神财富。

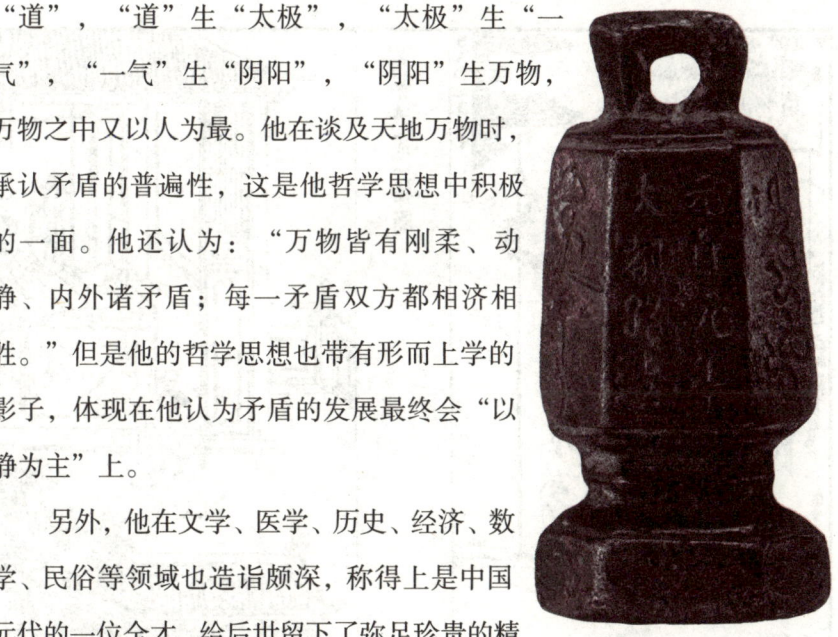

（元）至元铜权

戏剧宗师关汉卿

关汉卿,号已斋叟,大都人,元代最有名的剧作家、戏曲艺术家之一。

他的作品体现了一种反抗黑暗社会的精神。他吸收了文人文学和市井文学之长,为中国古典文学注入了新鲜的血液。关汉卿刚直不阿,崇尚自由,曾自称"我是个蒸不烂、煮不熟、捶不匾、炒不爆、响珰珰一粒铜豌豆"。

关汉卿一生共写有杂剧60余部,目前存世的仅18部,其数量和质量皆为元杂剧之首。除杂剧之外,他还作有很多散曲,目前存世的小令有50余首,完整的套曲有12篇。他的代表作品有:《窦娥冤》《救风尘》《望江亭》《鲁斋郎》等,给后人留下了宝贵的精神财富。

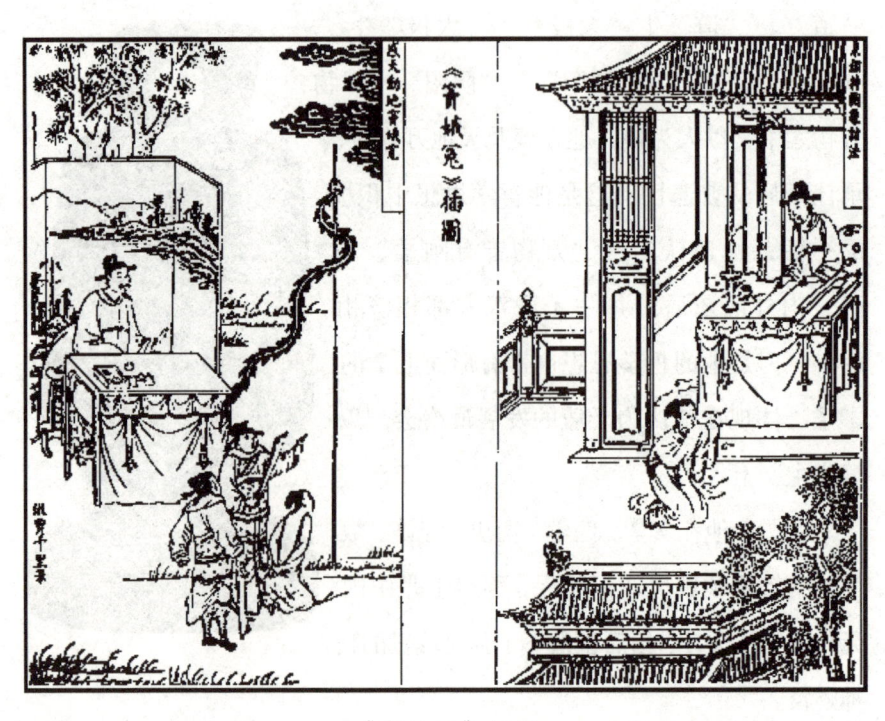

《窦娥冤》插图

《窦娥冤》是关汉卿的代表作品。它是一部令天地为之变色的悲剧,被王国维称为是世界文学史上的伟大悲剧之一。

由于成就辉煌,关汉卿被后世奉为元曲四大家之首,其作品也被译为英文、法文、德文、日文等各种文字在全世界流传。关汉卿在世界文学艺术史上享誉甚高,被誉为"东方的莎士比亚",还被世界和平理事会提名为"世界文化名人"。

(元)杂剧陶俑

元曲之首马致远

马致远,本名不详,致远是其字,晚号东篱,元代知名散曲家、杂剧家,"元曲四大家"之一。

他年轻时醉心仕途,晚年尽管看破世事,但终有壮志难酬之感,这种复杂的情感深刻地影响了他的作品风格。他的杂剧代表作有《破幽梦孤雁汉宫秋》,也就是《汉宫秋》。马致远在散曲上的成就之高,元代无人能比。在融合诗、词和民间曲调长处的基础上,马致远创造了跟诗、词不一样的元曲意境,提升了曲的格调。他的作品特色鲜明,意境深远,用词极为考究,声调和谐优美,

火不思

语言疏宕豪爽,雅俗兼备。他的作品风格各异,以豪放居多,同时又在豪放中显其飘逸、在沉郁中见其通脱。他长于选用意象以提升作品的意境,代表作品有《天净沙·秋思》。后人还为他修编了《东篱乐府》一卷。

总体说来,马致远长于悲剧性的抒情手法,曲调悲凉、忧郁、愤懑,文辞优美清丽,意境深远,是一名具有独特的个人艺术风格的杂剧作家。

"学究天人"郭守敬

郭守敬,河北邢台人,元代著名天文学家、数学家、水利专家和仪器制造家。他制定的《授时历》,比西方采用公历早了300多年。

郭守敬创制的简仪模型

《授时历》是中国历法进步的产物，也是当时世界上最先进的历法。《授时历》采用的朔望月和交点月的长度都十分精确，而且它又在掌握了相当准确的日月运行轨道的基础上，进行了严密的计算。因此，它对日食和月食的预报相当精准。《授时历》编订完成后，颁行天下，大大方便了百姓的生活，大受人们欢迎。《授时历》还相继传入朝鲜、日本，在某种程度上推动了两国的农业和科技的发展。

郭守敬在数学领域也成就颇高。他创造的一种高等级数的运算方法——"平立定三差法"，比欧洲早了四年。四年后，这一方法才由牛顿和莱布尼兹发现。

郭守敬一生一直致力于科学研究，为促进人类科学事业的进步做出了巨大贡献。

他被赞为"学究天人"，为人类的科学事业贡献了自己的力量，受到世界范围内的广泛的赞誉。国际天文学会还将美国在月球上发现的一座环形山命名为"郭守敬山"。1977年，国际小行星研究会又将编号为2012号的小行星正式命名为"郭守敬星"，以此纪念他。

（元）赵孟頫《浴马图》局部

书画大家赵孟頫

赵孟頫,字子昂,号松雪道人,元初著名书法家和画家,与欧阳询、颜真卿、柳公权合称为楷书四大家。他身世显赫,是赵宋王室的后裔,为宋太祖赵匡胤十一世孙,宋太祖之子八千岁赵德芳之后。

赵孟頫精通多种书法。他模仿古人,力求惟妙惟肖,取其精髓为己所用,主要表现在楷书和行书上。其字飘逸、文雅,苍劲中透着秀气,后世称之为"赵体",也叫"松雪体"。他的代表作有小楷《汲黯传》、行书《洛神赋》、行书《兰亭帖十三跋》等,这些全都是书法中的佳作。

在绘画方面,赵孟頫承袭了晋唐五代和北宋的传统,博采众长,自成一体。作品不但题材广泛,而且风格各异,开启了画坛新风尚。其代表作有:《幼舆丘壑图》《鹊华秋色图》《水村图》等。

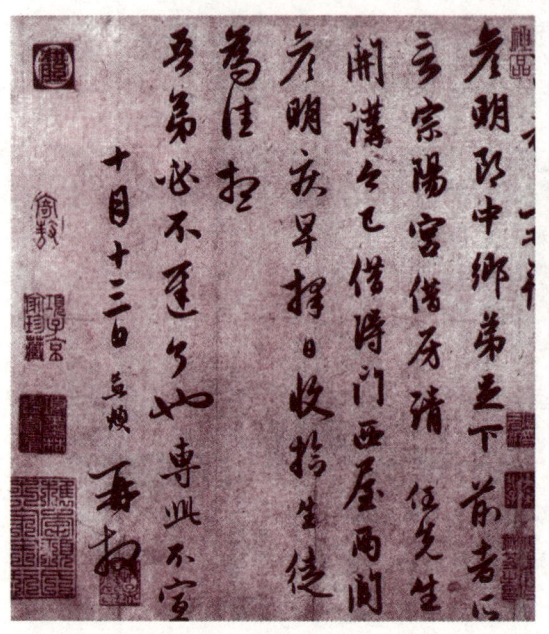

赵孟頫的书画作品享誉世界,被各地博物馆所珍藏。他的名字不但在中国文化史上占有一席之地,而且被国际天文学会用来为水星环形山命名。赵孟頫可谓"上下五百年、纵横一万里,举无其匹"。

(元)赵孟頫《宗阳宫帖》

《四库全书总目提要》评价他说："论赵孟𫖯才艺，则风流文采，冠绝当时。不但翰墨为元代第一，而且画入神品。"他见证了宋元的更替，起初为宋臣，后归附元朝，颇受器重，晚年地位显赫。但他成为贰臣之事也一直受人非议。

书目

001. 唐诗
002. 宋词
003. 元曲
004. 三字经
005. 百家姓
006. 千字文
007. 弟子规
008. 增广贤文
009. 千家诗
010. 菜根谭
011. 孙子兵法
012. 三十六计
013. 老子
014. 庄子
015. 孟子
016. 论语
017. 五经
018. 四书
019. 诗经
020. 诸子百家哲理寓言
021. 山海经
022. 战国策
023. 三国志
024. 史记
025. 资治通鉴
026. 快读二十四史
027. 文心雕龙
028. 说文解字
029. 古文观止
030. 梦溪笔谈
031. 天工开物
032. 四库全书
033. 孝经
034. 素书
035. 冰鉴
036. 人类未解之谜（世界卷）
037. 人类未解之谜（中国卷）
038. 人类神秘现象（世界卷）
039. 人类神秘现象（中国卷）
040. 世界上下五千年
041. 中华上下五千年·夏商周
042. 中华上下五千年·春秋战国
043. 中华上下五千年·秦汉
044. 中华上下五千年·三国两晋
045. 中华上下五千年·隋唐
046. 中华上下五千年·宋元
047. 中华上下五千年·明清
048. 楚辞经典
049. 汉赋经典
050. 唐宋八大家散文
051. 世说新语
052. 徐霞客游记
053. 牡丹亭
054. 西厢记
055. 聊斋
056. 最美的散文（世界卷）
057. 最美的散文（中国卷）
058. 朱自清散文
059. 最美的词
060. 最美的诗
061. 柳永·李清照词
062. 苏东坡·辛弃疾词
063. 人间词话
064. 李白·杜甫诗
065. 红楼梦诗词
066. 徐志摩的诗

067. 朝花夕拾	100. 中国国家地理
068. 呐喊	101. 中国文化与自然遗产
069. 彷徨	102. 世界文化与自然遗产
070. 野草集	103. 西洋建筑
071. 园丁集	104. 西洋绘画
072. 飞鸟集	105. 世界文化常识
073. 新月集	106. 中国文化常识
074. 罗马神话	107. 中国历史年表
075. 希腊神话	108. 老子的智慧
076. 失落的文明	109. 三十六计的智慧
077. 罗马文明	110. 孙子兵法的智慧
078. 希腊文明	111. 优雅——格调
079. 古埃及文明	112. 致加西亚的信
080. 玛雅文明	113. 假如给我三天光明
081. 印度文明	114. 智慧书
082. 拜占庭文明	115. 少年中国说
083. 巴比伦文明	116. 长生殿
084. 瓦尔登湖	117. 格言联璧
085. 蒙田美文	118. 笠翁对韵
086. 培根论说文集	119. 列子
087. 沉思录	120. 墨子
088. 宽容	121. 荀子
089. 人类的故事	122. 包公案
090. 姓氏	123. 韩非子
091. 汉字	124. 鬼谷子
092. 茶道	125. 淮南子
093. 成语故事	126. 孔子家语
094. 中华句典	127. 老残游记
095. 奇趣楹联	128. 彭公案
096. 中华书法	129. 笑林广记
097. 中国建筑	130. 朱子家训
098. 中国绘画	131. 诸葛亮兵法
099. 中国文明考古	132. 幼学琼林

133. 太平广记
134. 声律启蒙
135. 小窗幽记
136. 孽海花
137. 警世通言
138. 醒世恒言
139. 喻世明言
140. 初刻拍案惊奇
141. 二刻拍案惊奇
142. 容斋随笔
143. 桃花扇
144. 忠经
145. 围炉夜话
146. 贞观政要
147. 龙文鞭影
148. 颜氏家训
149. 六韬
150. 三略
151. 励志枕边书
152. 心态决定命运
153. 一分钟口才训练
154. 低调做人的艺术
155. 锻造你的核心竞争力：保证完成任务
156. 礼仪资本
157. 每天进步一点点
158. 让你与众不同的8种职场素质
159. 思路决定出路
160. 优雅——妆容
161. 细节决定成败
162. 跟卡耐基学当众讲话
163. 跟卡耐基学人际交往
164. 跟卡耐基学商务礼仪

165. 情商决定命运
166. 受益一生的职场寓言
167. 我能：最大化自己的8种方法
168. 性格决定命运
169. 一分钟习惯培养
170. 影响一生的财商
171. 在逆境中成功的14种思路
172. 责任胜于能力
173. 最伟大的励志经典
174. 卡耐基人性的优点
175. 卡耐基人性的弱点
176. 财富的密码
177. 青年女性要懂的人生道理
178. 倍受欢迎的说话方式
179. 开发大脑的经典思维游戏
180. 千万别和孩子这样说——好父母绝不对孩子说的40句话
181. 和孩子这样说话很有效——好父母常对孩子说的36句话
182. 心灵甘泉